INTRODUCTION A LA FINANCE ISLAMIQUE

Dr. Mamadou Tafsir BALDE

Éditeur: Upway Books
Auteur: Dr. Mamadou Tafsir BALDE
Titre: INTRODUCTION A LA FINANCE ISLAMIQUE
ISBN: 978-1-917916-40-0
Couverture réalisée sur Canva: www.canva.com

Cet ouvrage est un ouvrage de non-fiction. Les informations qu'il contient sont fondées sur les recherches, l'expérience et les connaissances de l'auteur au moment de la publication. L'éditeur et l'auteur ont déployé tous les efforts nécessaires pour garantir l'exactitude et la fiabilité des informations fournies, mais déclinent toute responsabilité en cas d'erreurs, d'omissions ou d'interprétations divergentes du contenu présenté. Cette publication n'a pas pour vocation de se substituer aux conseils ou consultations d'un professionnel qualifié. Les lecteurs sont encouragés à solliciter l'avis d'un spécialiste lorsque cela s'avère approprié.

contact@upwaybooks.com
www.upwaybooks.com

TABLE DES MATIERES

Préface

C'est avec un profond sentiment de gratitude et de responsabilité que je prends la plume pour préfacer cet ouvrage consacré à la finance islamique. Dr. Mamadou Tafsir BALDÉ nous offre ici une contribution précieuse qui vient enrichir considérablement la littérature francophone sur ce sujet d'importance croissante.

La finance islamique, loin d'être un simple phénomène de mode, représente aujourd'hui une alternative crédible au système financier traditionnel. Son expansion constante à travers le monde témoigne de sa pertinence face aux défis économiques contemporains. Dans le contexte africain, et particulièrement en Guinée, elle constitue un vecteur potentiel de développement inclusif et durable.

L'auteur, par sa formation rigoureuse et son expertise reconnue, nous guide avec clarté à travers les fondements théoriques et les applications pratiques de la finance islamique. Son approche pédagogique rend accessible des concepts parfois complexes, tout en maintenant la rigueur scientifique indispensable à un tel sujet.

Les autorités, les professionnels, les chercheurs, les étudiants ou simplement les citoyens intéressés par les questions économiques trouveront dans ces pages matière à réflexion et à action.

Je souhaite à cet ouvrage le succès qu'il mérite et aux lecteurs, un voyage intellectuel aussi enrichissant que celui que j'ai eu le privilège d'entreprendre en découvrant ces pages.

Mamadou Bombi BALDÉ.

Remerciements

En ouvrant ces pages, je tiens à exprimer ma profonde gratitude à toutes les personnes qui ont contribué, de près ou de loin, à la naissance de cet ouvrage.

Mes pensées vont d'abord aux mentors qui ont guidé ma réflexion avec bienveillance et rigueur. Leur expertise et leurs conseils avisés ont considérablement enrichi mon approche de la finance islamique et m'ont permis d'approfondir ma compréhension de ce domaine complexe.

Une mention spéciale va à ceux qui m'ont ouvert des portes et m'ont permis d'accéder à des ressources précieuses. Ces rencontres et ces échanges ont été déterminants pour donner à ce livre sa dimension concrète et pratique.

Sur un plan plus personnel, ma gratitude va à ma femme, Aissatou Diallo, dont les encouragements constants et le soutien indéfectible ont été mon ancrage tout au long de ce projet.

Je tiens également à remercier mes collègues et amis qui ont pris le temps de relire mon travail, de partager leurs idées et de m'offrir des retours constructifs. Leurs remarques et suggestions ont considérablement amélioré la clarté et la pertinence de mon propos.

Enfin, je suis reconnaissant envers tous ceux qui, par leur solidarité et leur soutien, ont créé autour de moi un environnement propice à la réflexion et à l'écriture.

À tous, je dis merci. Ce livre est le fruit de vos contributions et de votre bienveillance.

Résumé

Cette exploration complète de la finance islamique aborde le sujet depuis ses fondements théoriques jusqu'à ses applications pratiques contemporaines. Elle s'adresse aux professionnels du secteur financier, étudiants, chercheurs et décideurs publics intéressés par ce domaine en pleine expansion.

La finance islamique repose sur des principes éthiques et religieux interdisant l'intérêt, l'incertitude excessive et la spéculation, tout en favorisant le partage des risques et la connexion à l'économie réelle.

Le livre se structure en quatre chapitres: les fondements éthiques et religieux, les produits islamiques comparés aux conventionnels, le fonctionnement des institutions islamiques, et l'expansion mondiale du secteur à travers le Golfe, l'Asie, l'Afrique et l'Occident.

Cette étude présente aussi les défis du secteur, comme l'harmonisation des interprétations de la Charia, l'intégration dans le système financier mondial et la transformation digitale, tout en identifiant les tendances futures qui façonneront son développement.

À travers cette analyse, ce travail démontre que la finance islamique s'affirme comme une composante durable et innovante du système financier mondial, capable de contribuer aux défis économiques, sociaux et environnementaux contemporains.

Mots clés : Finance islamique, Charia, éthique, inclusion financière, développement durable.

Introduction

Dans un monde où l'argent semble gouverner tous les aspects de nos vies, nombreux sont ceux qui cherchent une approche financière plus alignée avec leurs valeurs morales et éthiques. La finance islamique, loin d'être réservée aux seuls musulmans, offre précisément cette alternative : un système où l'éthique et la finance ne sont pas des concepts contradictoires, mais complémentaires.

Imaginons un système financier où les bénéfices ne proviennent pas simplement de l'argent qui génère de l'argent, mais d'investissements dans des projets concrets, où les risques sont partagés équitablement, et où chaque transaction repose sur des actifs réels. C'est l'essence même de la finance islamique qui connaît aujourd'hui un essor remarquable, tant dans les pays musulmans que dans le reste du monde.

Ce qui est fascinant dans la finance islamique, c'est sa capacité à concilier principes millénaires et réalités économiques modernes. Quand la crise financière de 2008 a ébranlé les fondements du système bancaire conventionnel, beaucoup se sont tournés vers des modèles alternatifs. Les institutions financières islamiques, avec leur approche prudente du risque et leur interdiction des produits financiers spéculatifs, ont traversé cette tempête avec une résilience remarquable. Cette stabilité n'est pas passée inaperçue.

La finance islamique repose sur des principes simples mais puissants. L'interdiction de l'usure - le fameux « riba » - en est sans doute le plus connu, mais ce n'est que l'élément le plus apparent d'un système éthique et financier bien plus vaste et profond. Elle encourage également le partage équitable des profits et des pertes, exige que chaque transaction soit adossée à un actif tangible, et prohibe les activités considérées comme socialement nuisibles. Ces principes ne sont pas de simples contraintes religieuses : ils façonnent un modèle économique orienté vers la création de valeur réelle et le bien commun.

À travers ce livre, je vous invite à découvrir les mécanismes, l'histoire et le potentiel de la finance islamique. Nous explorerons ensemble comment ce système s'est développé à travers le monde, des centres financiers du Golfe arabe aux places financières occidentales. Nous verrons comment ses produits – des contrats de partenariat (Mudharaba, Musharaka) aux obligations islamiques (Sukuk) – offrent des solutions concrètes à des besoins financiers variés.

Nous nous pencherons également sur le formidable potentiel que représente la finance islamique pour les régions en développement, notamment en Afrique subsaharienne. Dans des pays où une large partie de la population reste exclue du système bancaire traditionnel, les approches participatives de la finance islamique peuvent jouer un rôle crucial dans l'inclusion financière et le développement économique.

Ce livre se structure en quatre chapitres :

D'abord, nous explorerons les fondements et principes qui sous-tendent ce système financier, en décryptant ses valeurs et sa philosophie économique.

Ensuite, nous examinerons les différents produits et contrats qu'elle propose, en les comparant à leurs équivalents conventionnels pour mieux saisir leurs spécificités.

Dans un troisième chapitre, nous verrons comment fonctionnent les institutions financières islamiques, avec leur gouvernance et leurs mécanismes de contrôle.

Enfin, nous retracerons l'expansion mondiale de la finance islamique, des pays du Golfe à l'Occident, en passant par l'Asie et l'Afrique.

Que vous soyez simple curieux, étudiant, professionnel de la finance ou entrepreneur à la recherche de financements alternatifs, j'espère que ce voyage au cœur de la finance islamique vous ouvrira de nouvelles perspectives. Car au-delà de ses racines religieuses, la finance islamique nous invite tous à repenser notre rapport à l'argent, à l'économie et au développement durable.

Bienvenue dans cette exploration d'un système financier où l'éthique n'est pas une option, mais le fondement même de toute transaction.

Chapitre 1 : Les fondements de la finance islamique

1. Les racines éthiques et religieuses

1.1. Les textes fondateurs : ce que disent le Coran et la Sunna

La finance islamique n'est pas une invention récente. Ses racines plongent profondément dans les textes sacrés de l'Islam, particulièrement le Coran et la Sunna, qui contiennent des principes économiques remarquablement précis pour des textes anciens.

Le Coran, considéré par les musulmans comme la parole directe de Dieu révélée au Prophète Muhammad, aborde de nombreux aspects de la vie économique. Il ne s'agit pas d'un manuel financier, mais il pose des principes clairs concernant l'argent, la propriété, le commerce et l'éthique des affaires.

Parmi les versets les plus significatifs figure celui-ci : « *Dieu a rendu licite le commerce et illicite l'intérêt* » (Coran, 2:275). Ce verset constitue la pierre angulaire de tout le système financier islamique. D'autres versets encouragent la transparence dans les transactions, l'honnêteté dans les échanges commerciaux et condamnent la thésaurisation improductive des richesses.

La Sunna – l'ensemble des paroles, actions et approbations du Prophète Muhammad – précise ces principes. Comme le souligne Ayub (2007), les hadiths (récits de la vie du Prophète) fournissent des indications précieuses sur les transactions financières conformes aux principes islamiques. Par exemple, le Prophète a interdit de vendre ce qu'on ne possède pas encore, d'échanger des quantités inégales de la même marchandise, ou de conclure des contrats entachés d'incertitude excessive.

Ces textes fondateurs ne sont pas figés dans le temps. Ils ont fait l'objet d'interprétations continues par des générations de savants musulmans qui ont adapté ces principes aux réalités économiques changeantes, tout en préservant leur essence éthique.

1.2. Des principes universels pour une finance juste

Ce qui frappe dans les fondements de la finance islamique, c'est leur caractère potentiellement universel. Les principes qu'elle promeut – équité, transparence, partage équitable des risques – ne sont pas exclusivement islamiques mais résonnent avec des valeurs partagées par de nombreuses traditions philosophiques et religieuses.

La justice sociale occupe une place centrale dans cette vision. La finance n'est pas vue comme un simple moyen d'enrichissement personnel, mais un outil au service du bien commun. L'argent doit circuler dans l'économie plutôt que d'être accumulé improductivement. Les ressources doivent être distribuées équitablement, et les plus vulnérables protégés de l'exploitation.

Iqbal et Mirakhor (2011) expliquent que dans la vision islamique, l'argent n'a pas de valeur intrinsèque – il n'est qu'un moyen d'échange, pas une marchandise. Par conséquent, l'argent ne devrait pas générer d'argent par lui-même, mais uniquement lorsqu'il est associé à un effort ou un risque entrepreneurial.

Cette conception s'oppose fondamentalement à certains aspects de la finance contemporaine, où l'argent semble parfois créer de l'argent sans lien avec l'économie réelle. La finance islamique, en revanche, insiste sur l'ancrage de toute transaction dans l'économie réelle.

1.3. Une économie au service de la communauté

Dans la vision islamique, l'économie et la finance ne sont pas des domaines autonomes régis uniquement par la recherche du profit. Elles sont au service de la communauté (umma) et doivent contribuer à son bien-être général.

Cette vision se manifeste notamment à travers la zakat, une contribution réglementée que les musulmans sont tenus de verser dès lors que leur richesse dépasse un seuil défini. L'islam a institué la zakat non seulement comme un devoir spirituel, mais aussi comme un mécanisme social visant à renforcer la solidarité et à favoriser l'intégration des bénéficiaires en tant que membres actifs et productifs de la communauté.

La finance islamique encourage également le waqf, une forme de donation perpétuelle dédiée à des œuvres d'utilité publique. Historiquement, les waqfs ont financé des écoles, hôpitaux, bibliothèques et autres infrastructures communautaires, démontrant comment les instruments financiers peuvent être mis au service du développement social.

L'accent mis sur la communauté se reflète aussi dans l'approche participative privilégiée par la finance islamique. Plutôt que d'opposer prêteurs et emprunteurs dans une relation parfois antagoniste, elle favorise des partenariats où les parties partagent tant les bénéfices que les risques.

Ces principes communautaires ne signifient pas que l'Islam rejette la propriété privée ou le profit individuel. Au contraire, il les reconnaît comme légitimes, mais les inscrit dans un cadre éthique plus large où la prospérité individuelle ne doit pas se faire au détriment du bien commun.

2. L'interdiction de l'intérêt

2.1. Pourquoi l'Islam interdit-il l'intérêt ?

L'interdiction de l'intérêt (riba) constitue sans doute l'aspect le plus connu et le plus distinctif de la finance islamique. Cette prohibition est mentionnée explicitement dans le Coran à plusieurs reprises, avec des termes particulièrement sévères qui démontrent l'importance accordée à cette question.

Mais pourquoi l'Islam considère-t-il l'intérêt comme problématique ? Plusieurs raisons fondamentales expliquent cette position.

Premièrement, l'intérêt est perçu comme intrinsèquement injuste. Dans un prêt à intérêt, le prêteur est assuré d'un rendement positif, tandis que l'emprunteur supporte seul le risque de son entreprise. Cette asymétrie contrevient au principe islamique de partage équitable des risques et des bénéfices.

Deuxièmement, l'intérêt peut conduire à l'exploitation des plus vulnérables. Historiquement, les taux d'intérêt usuraires ont souvent piégé les emprunteurs dans des spirales d'endettement dont ils ne pouvaient s'extraire. L'Islam, avec sa forte orientation vers la justice sociale, rejette les pratiques qui peuvent mener à l'asservissement économique.

Troisièmement, comme l'affirme Chapra (2000), l'intérêt encourage une vision de l'argent comme une marchandise ayant une valeur intrinsèque, plutôt que comme un simple moyen d'échange. Cette conception contredit la perspective islamique selon laquelle l'argent ne devrait être qu'un facilitateur d'échanges économiques réels.

Enfin, du point de vue spirituel, l'intérêt est associé à un attachement excessif aux biens matériels et à une vision du monde centrée sur l'accumulation plutôt que sur le partage et la solidarité.

2.2. Les différentes formes de Riba

Le terme arabe « riba » est souvent traduit simplement par « intérêt » ou « usure », mais sa signification est en réalité plus nuancée. Les juristes islamiques distinguent traditionnellement plusieurs formes de riba.

La forme la plus directe, appelée « riba al-nasiah », correspond à l'intérêt conventionnel : un supplément exigé en contrepartie du report d'une échéance. C'est ce type de riba qui est visé lorsqu'on parle d'interdiction de l'intérêt dans les prêts.

Une autre forme, « riba al-fadl », concerne l'échange inégal de biens de même nature. Par exemple, échanger un gramme d'or contre deux grammes d'or, même instantanément, est considéré comme du riba. Cette règle vise à prévenir les transactions inéquitables et spéculatives.

Usmani (2002) identifie également des formes plus subtiles de riba, parfois désignées comme « riba caché ». Il s'agit de transactions qui, bien que formellement conformes aux règles, contournent leur esprit. Par exemple, vendre un objet à un prix gonflé avec paiement différé, puis le racheter immédiatement à un prix inférieur en espèces, ce qui équivaut économiquement à un prêt à intérêt.

Cette attention aux différentes manifestations du riba témoigne d'une préoccupation fondamentale : ce n'est pas seulement la forme juridique des transactions qui importe, mais leur substance économique et leur impact social.

2.3. Les conséquences économiques et sociales

L'interdiction du riba n'est pas seulement une question religieuse ; elle reflète une analyse profonde des conséquences économiques et sociales des systèmes basés sur l'intérêt.

Sur le plan économique, les penseurs islamiques soulignent que l'intérêt peut contribuer à l'instabilité financière. Lorsque les dettes s'accumulent à un rythme plus rapide que la croissance économique réelle, des bulles spéculatives et des crises peuvent survenir – comme l'a démontré la crise financière mondiale de 2008.

Le système d'intérêt tend également à concentrer les richesses entre les mains de ceux qui possèdent déjà du capital. Les détenteurs de capitaux peuvent s'enrichir sans nécessairement contribuer à l'économie productive, simplement en prêtant leur argent contre intérêt.

Sur le plan social, l'endettement à intérêt peut créer des situations de dépendance et d'inégalité structurelle.

La finance islamique propose une vision alternative où la finance est au service de l'économie réelle plutôt que l'inverse. En liant les rendements financiers à la performance économique effective, elle vise à créer un système plus équitable et plus stable.

2.4. Au-delà de l'interdiction : les alternatives proposées

Face à l'interdiction du riba, la finance islamique n'a pas simplement fermé la porte au crédit – elle a développé des alternatives créatives qui permettent de financer l'économie tout en respectant les principes éthiques de l'Islam.

Ces alternatives s'articulent autour de deux approches principales : le partage des profits et des pertes et les transactions basées sur des actifs réels.

Dans la première approche, le financier devient un véritable partenaire de l'entrepreneur. Au lieu de prêter de l'argent contre un intérêt fixe, il partage les bénéfices si l'entreprise réussit, mais assume également une part des pertes en cas d'échec. Cette approche aligne les intérêts des parties et encourage une évaluation plus rigoureuse des projets.

La seconde approche implique des transactions où le financement est lié à l'acquisition, la vente ou la location d'actifs tangibles. Par exemple, plutôt que de prêter de l'argent pour acheter une maison, la banque islamique achète elle-même la maison puis la revend à son client avec une marge bénéficiaire, permettant un paiement échelonné.

Selon El-Gamal (2006), ces alternatives ne sont pas de simples subterfuges pour contourner l'interdiction de l'intérêt. Elles reflètent une philosophie économique différente, où le financement est intrinsèquement lié à l'économie réelle et où les risques sont partagés plus équitablement.

Nous explorerons ces instruments financiers plus en détail dans le chapitre suivant, mais il est important de comprendre qu'ils découlent directement des principes fondamentaux que nous examinons ici.

3. Les autres principes fondamentaux

3.1. Le partage équitable des risques

Si l'interdiction du riba est le principe le plus connu de la finance islamique, elle n'en est qu'un aspect. Tout aussi fondamental est le principe du partage équitable des risques, qui constitue une véritable philosophie économique alternative.

Contrairement au système conventionnel où le risque est souvent transféré à l'emprunteur tandis que le prêteur se garantit un rendement fixe, la finance islamique considère qu'une distribution plus équilibrée des risques est non seulement plus juste, mais aussi plus efficace économiquement.

Ce principe s'inspire directement de la tradition commerciale arabe préislamique, où les caravanes marchandes étaient financées par des partenariats dans lesquels investisseurs et commerçants partageaient profits et pertes.

Le partage des risques présente plusieurs avantages. D'abord, il aligne les intérêts des financiers et des entrepreneurs, réduisant les problèmes d'agence. Ensuite, il encourage une évaluation plus rigoureuse des projets, puisque le financier a un intérêt direct dans leur succès.

En pratique, ce principe se traduit par des instruments comme la Mudharaba (partenariat d'investissement) et la Musharaka (joint-venture), que nous explorerons plus en détail dans le chapitre suivant.

3.2. L'adossement à des actifs réels

Un autre principe fondamental de la finance islamique est l'exigence que toute transaction financière soit adossée à un actif réel ou à une activité économique tangible.

Cette règle découle de la vision islamique de l'argent comme simple moyen d'échange, et non comme une marchandise ayant une valeur intrinsèque. L'argent ne doit pas générer de l'argent par lui-même ; il doit faciliter la création de valeur réelle dans l'économie.

L'adossement à des actifs réels signifie que chaque transaction financière doit impliquer l'échange, la propriété ou l'utilisation d'actifs tangibles – qu'il s'agisse de biens immobiliers, d'équipements, de marchandises ou de services.

Ce principe distingue fondamentalement la finance islamique de certaines pratiques financières conventionnelles où les transactions peuvent être purement spéculatives, déconnectées de l'économie réelle. Il contribue à la stabilité du système en limitant la création excessive de crédit et la formation de bulles spéculatives.

En pratique, ce principe se manifeste dans des instruments comme la Murabaha (vente à crédit avec marge bénéficiaire), l'Ijara (crédit-bail) ou le Salam (contrat de livraison future), tous ancrés dans des transactions commerciales réelles.

3.3. L'interdiction de l'incertitude excessive (Gharar)

La finance islamique prohibe également le gharar, terme arabe qui désigne une incertitude ou une ambiguïté excessive dans les contrats. Cette interdiction vise à protéger les parties contre les risques imprévisibles et à assurer la clarté et l'équité des transactions.

Le gharar peut prendre plusieurs formes : incertitude sur les termes essentiels d'un contrat, sur la nature ou la qualité de l'objet échangé, ou sur la capacité des parties à remplir leurs obligations. Par exemple, vendre les fruits d'un arbre avant qu'ils ne soient formés, ou vendre du poisson encore dans la mer, comporterait un gharar excessif.

Cette interdiction ne signifie pas que tout risque est prohibé – le risque entrepreneurial normal est non seulement accepté mais valorisé dans la vision islamique de l'économie.

Le principe de prohibition du gharar a des implications importantes pour les contrats d'assurance conventionnels et les produits dérivés complexes, qui peuvent comporter des éléments d'incertitude excessive. La finance islamique a développé des alternatives, comme le takaful (assurance coopérative) et des formes simplifiées de couverture des risques.

3.4. L'interdiction de la spéculation (Maysir)

Étroitement liée à l'interdiction du gharar, la prohibition du maysir concerne les activités purement spéculatives s'apparentant aux jeux de hasard. Le terme maysir désignait originellement un jeu de hasard pratiqué dans l'Arabie préislamique, mais son application s'est étendue à toutes les formes de gains qui dépendent principalement de la chance plutôt que d'un effort productif.

Cette interdiction repose sur plusieurs considérations. D'abord, les jeux de hasard sont vus comme une forme de gain injustifié, où la richesse est redistribuée sans création de valeur réelle. Ensuite, ils peuvent encourager un comportement risqué et irrationnel, avec des conséquences sociales néfastes. Enfin, ils détournent les ressources d'investissements productifs vers des activités socialement stériles.

Dans le contexte financier moderne, cette prohibition s'applique aux formes de spéculation pure où l'intention n'est pas d'investir mais de profiter des fluctuations de prix à court terme. Certains types de transactions sur les marchés dérivés, par exemple, peuvent être considérés comme comportant des éléments de maysir lorsqu'ils sont utilisés à des fins spéculatives plutôt que de couverture.

Il est important de noter que l'Islam ne condamne pas le profit commercial légitime ou la prise de risque entrepreneurial calculée. Ce qui est prohibé, c'est le gain basé essentiellement sur le hasard, sans lien avec une activité économique productive.

3.5. Les secteurs d'activité prohibés

Au-delà des règles concernant la manière dont les transactions sont structurées, la finance islamique impose également des restrictions sur les secteurs d'activité dans lesquels il est permis d'investir. Ces restrictions découlent du concept de halal (licite) et haram (illicite) dans la loi islamique.

Sont généralement considérées comme haram les activités suivantes :

- La production et le commerce d'alcool et de substances intoxicantes
- L'industrie du porc et des produits dérivés
- Les jeux de hasard et les casinos
- La pornographie et les divertissements immoraux
- Le commerce des armes et des équipements militaires (avec certaines nuances)
- Les services financiers conventionnels basés sur l'intérêt

En pratique, les institutions financières islamiques appliquent ces critères lors de la sélection de leurs investissements et financements. Pour les sociétés cotées en bourse, des indices boursiers spécifiques ont été développés pour identifier les entreprises conformes à ces critères, facilitant ainsi l'investissement islamique.

Il est intéressant de noter que ces restrictions sectorielles, combinées aux principes structurels comme l'interdiction de l'intérêt et de la spéculation excessive, ont conduit certains à voir la finance islamique comme précurseur de l'investissement éthique moderne.

4. Finance islamique et finance conventionnelle

4.1. Tableau comparatif : les principales différences

Pour mieux comprendre la spécificité de la finance islamique, il est utile de la comparer directement avec la finance conventionnelle. Le tableau ci-dessous synthétise les principales différences entre ces deux approches :

Aspect	Finance Islamique	Finance Conventionnelle
Fondement philosophique	Basée sur des principes religieux et éthiques	Basée principalement sur des principes économiques
Rapport à l'intérêt	Interdit (riba)	Central au système
Partage des risques	Principe fondamental	Généralement transféré à l'emprunteur
Relation aux actifs	Transactions adossées à des actifs réels	Pas nécessairement liées à des actifs réels
Spéculation	Restrictions strictes (gharar, maysir)	Largement acceptée
Filtrage éthique	Obligatoire (secteurs haram)	Optionnel (fonds éthiques)
Gouvernance	Double : financière et religieuse (Sharia board)	Principalement financière
Objectif	Équilibre entre rendement financier et bien-être social	Maximisation du rendement financier

Ces différences ne sont pas simplement techniques – elles reflètent des visions distinctes du rôle de la finance dans l'économie et la société. La finance islamique voit l'activité financière comme intrinsèquement liée à des considérations éthiques et sociales, tandis que la finance conventionnelle tend à séparer ces domaines, considérant l'éthique comme une contrainte externe plutôt qu'un principe constitutif.

4.2. Points communs et divergences

Malgré ces différences fondamentales, la finance islamique et la finance conventionnelle partagent certains points communs importants.

Les deux systèmes visent à mobiliser l'épargne pour financer l'investissement productif. Ils cherchent à gérer efficacement les risques et à faciliter les transactions économiques. Tous deux reconnaissent l'importance de la transparence, de la divulgation d'information et de la protection des investisseurs.

Sur le plan technique, de nombreux instruments de la finance islamique ont été développés pour répondre aux mêmes besoins que leurs équivalents conventionnels : financement d'entreprises, crédit à la consommation, marchés de capitaux, assurance. Leur structure peut parfois sembler similaire, même si leur philosophie sous-jacente diffère.

Les divergences fondamentales concernent principalement la conception du rapport entre finance et éthique. Comme l'observe Warde (2000), la finance islamique considère que certaines pratiques sont intrinsèquement problématiques, quelles que soient leurs conséquences économiques – l'intérêt est prohibé par principe, pas seulement s'il est excessif. La finance conventionnelle, en revanche, tend à adopter une approche plus conséquentialiste, jugeant les pratiques principalement sur leurs résultats économiques.

Une autre divergence concerne la relation entre finance et économie réelle. La finance islamique insiste sur l'ancrage de toute transaction financière dans l'économie réelle, tandis que la finance conventionnelle accepte une plus grande autonomie de la sphère financière.

4.3. Peut-on concilier les deux approches ?

Face à ces différences, une question se pose naturellement : la finance islamique et la finance conventionnelle sont-elles fondamentalement incompatibles, ou existe-t-il des possibilités de convergence et d'enrichissement mutuel ?

La réalité montre que des formes de coexistence et d'hybridation se développent déjà. De nombreuses banques conventionnelles proposent des « fenêtres islamiques », offrant des produits conformes à la Sharia parallèlement à leurs services traditionnels. Des régulateurs dans des pays comme le Royaume-Uni, Singapour ou le Luxembourg ont adapté leur cadre légal pour accommoder les produits financiers islamiques.

Certains principes de la finance islamique, comme le partage des risques et l'ancrage dans l'économie réelle, trouvent un écho dans les réflexions post-crise sur la réforme du système financier global.

L'investissement socialement responsable (ISR) constitue un autre point de convergence potentiel. Le filtrage éthique pratiqué par la finance islamique présente des similitudes avec l'approche ESG (Environnement, Social, Gouvernance) qui gagne en importance dans la finance conventionnelle.

Cependant, des différences fondamentales demeurent, particulièrement concernant l'interdiction de l'intérêt. Cette prohibition constitue une ligne rouge pour la finance islamique, tandis que l'intérêt reste au cœur du système conventionnel.

La conciliation complète des deux approches semble donc improbable, mais leur coexistence et leur dialogue peuvent contribuer à enrichir le paysage financier global, offrant aux acteurs économiques une diversité d'options correspondant à leurs besoins et à leurs valeurs.

Chapitre 2 : Les contrats et produits financiers islamiques

1. Les contrats participatifs : partager profits et pertes

Les contrats participatifs représentent l'essence même de la finance islamique. Basés sur le principe fondamental du partage équitable des risques et des bénéfices, ils offrent une alternative éthique aux prêts à intérêt conventionnels. Ces contrats incarnent l'idéal islamique d'une économie où le capital et le travail collaborent dans un esprit de partenariat plutôt que dans une relation créancier-débiteur potentiellement exploitative.

1.1. La Mudharaba

1.1.1. Structure et fonctionnement

La Mudharaba est souvent décrite comme un « partenariat de financement ». Dans sa forme la plus simple, elle met en relation deux parties : un investisseur (Rab al-mal) qui fournit 100% du capital, et un entrepreneur (Mudarib) qui apporte son expertise, son travail et son temps.

Le fonctionnement de la Mudharaba repose sur quelques principes clés :

- L'investisseur fournit la totalité du capital
- L'entrepreneur gère entièrement le projet ou l'entreprise
- Les profits sont partagés selon un ratio prédéterminé (40/60, 50/50, etc.)
- Les pertes financières sont entièrement supportées par l'investisseur

- L'entrepreneur ne perd que son temps et ses efforts en cas d'échec

Cette asymétrie dans la répartition des pertes s'explique par le fait que l'entrepreneur a déjà « perdu » son temps et son travail.

1.1.2. Exemples concrets d'application

La Mudharaba trouve des applications dans divers secteurs économiques :

Dans le secteur bancaire : Les banques islamiques utilisent la Mudharaba à deux niveaux. D'une part, elles collectent les dépôts des clients sur la base d'un contrat Mudharaba (les déposants étant les investisseurs et la banque l'entrepreneur). D'autre part, elles financent des projets où elles jouent le rôle d'investisseur face à des entrepreneurs.

Dans le capital-risque : La structure de la Mudharaba ressemble fortement aux arrangements de capital-risque modernes, où des investisseurs financent des entrepreneurs prometteurs en échange d'une part des profits futurs.

Dans le commerce : Historiquement, la Mudharaba était utilisée pour financer les caravanes commerciales, où les marchands obtenaient des fonds d'investisseurs et partageaient les profits de leurs expéditions commerciales.

Un exemple pratique : Une banque islamique finance un commerçant à hauteur de 100 000 € pour développer son activité, avec un accord de partage des bénéfices de 70% pour le commerçant et 30% pour la banque. À la fin de l'année, si l'activité génère 20 000 € de bénéfices, le commerçant reçoit 14 000 € et la banque 6 000 €. Si l'activité subit une perte, la banque perd son investissement tandis que le commerçant perd son temps et son travail.

1.1.3. Avantages et limites

Avantages :

- Permet l'accès au financement pour des entrepreneurs talentueux mais sans capital
- Aligne les intérêts des investisseurs et des entrepreneurs
- Encourage l'esprit d'entreprise et l'innovation
- Conforme aux principes islamiques de partage des risques

Limites :

- Vulnérabilité aux problèmes d'agence et d'asymétrie d'information
- Difficulté pour l'investisseur de surveiller efficacement l'utilisation des fonds
- Risque moral : l'entrepreneur pourrait ne pas déployer tous les efforts nécessaires
- Complexité comptable dans la détermination précise des profits

1.2. La Musharaka

1.2.1. Comment fonctionne ce partenariat ?

La Musharaka, terme arabe signifiant « partenariat » ou « association », représente une forme de joint-venture où toutes les parties contribuent au capital et à la gestion de l'entreprise. Contrairement à la Mudharaba, ce contrat implique que tous les partenaires apportent des fonds et participent, à des degrés divers, à la gestion du projet.

Le fonctionnement de la Musharaka s'articule autour de ces principes :

- Tous les partenaires contribuent au capital, dans des proportions qui peuvent varier
- Tous les partenaires ont le droit de participer à la gestion
- Les profits sont partagés selon un ratio prédéterminé, qui peut différer de la proportion du capital investi
- Les pertes sont strictement proportionnelles à l'investissement en capital
- La responsabilité des partenaires est généralement illimitée

Un aspect particulièrement intéressant de la Musharaka est qu'elle permet une flexibilité dans le partage des bénéfices, tout en maintenant une stricte proportionnalité dans le partage des pertes.

1.2.2. Cas d'utilisation typiques

La Musharaka se prête à de nombreuses applications dans le monde financier moderne:

Financement immobilier : Dans la « Musharaka dégressive » (ou Musharaka Mutanaqisah), une banque et un client achètent ensemble une propriété. Le client verse un loyer à la banque pour sa part et rachète progressivement les parts de la banque jusqu'à devenir l'unique propriétaire.

Financement de projets : Des entreprises peuvent former une Musharaka pour financer et gérer conjointement un projet spécifique, comme la construction d'une infrastructure.

Fonds d'investissement : Les fonds islamiques utilisent souvent la structure de Musharaka, où chaque investisseur est considéré comme un partenaire du fonds.

Financement d'entreprises : La Musharaka peut servir au financement d'expansion d'entreprises existantes, où la banque devient temporairement actionnaire.

Exemple concret : Une banque islamique et un entrepreneur s'associent pour ouvrir un restaurant. L'entrepreneur apporte 40% du capital et la banque 60%. Ils conviennent que l'entrepreneur, qui gérera quotidiennement l'établissement, recevra 70% des bénéfices tandis que la banque recevra 30%. Si le restaurant génère 50 000 € de bénéfices, l'entrepreneur reçoit 35 000 € et la banque 15 000 €. En cas de perte de 20 000 €, l'entrepreneur supporterait 40% et la banque 60%.

1.2.3. Pourquoi ce contrat est-il considéré comme idéal ?

La Musharaka est souvent considérée comme le contrat islamique "idéal" pour plusieurs raisons :

Équité parfaite : Elle incarne parfaitement le principe islamique de partage équitable des risques et des bénéfices.

Alignement des intérêts : Tous les partenaires ont un intérêt direct dans le succès de l'entreprise, ce qui réduit les conflits d'intérêts.

Stabilité économique : À grande échelle, un système financier basé sur la Musharaka serait potentiellement plus stable car les rendements financiers seraient directement liés à la productivité réelle de l'économie.

Conformité religieuse : Contrairement à certains autres contrats qui suscitent des débats, la légitimité de la Musharaka fait l'unanimité parmi les experts de la jurisprudence islamique.

Malgré ces avantages théoriques, la Musharaka, comme la Mudharaba, représente une part relativement faible des actifs des institutions financières islamiques. Les défis pratiques liés à sa mise en œuvre, notamment les questions de transparence, de confiance et d'évaluation des contributions non financières, expliquent en partie cette situation.

2. Les contrats de vente et de location

Si les contrats participatifs incarnent l'idéal de la finance islamique, les contrats de vente et de location constituent aujourd'hui le cœur opérationnel du système financier islamique. Ces instruments, plus simples à mettre en œuvre et présentant moins de risques pour les institutions financières, représentent la majorité des transactions dans la finance islamique contemporaine.

2.1. La Murabaha: l'alternative au prêt à intérêt

2.1.1. Le mécanisme étape par étape

La Murabaha est souvent le premier produit que proposent les institutions financières islamiques. Il s'agit essentiellement d'une vente avec marge bénéficiaire déclarée, où le financier achète un bien puis le revend à son client avec un profit clairement défini.

Selon Usmani (2002), « la Murabaha n'est pas un prêt portant intérêt, mais une vente d'un bien avec un prix différé incluant une marge bénéficiaire connue des deux parties. »

Le processus de Murabaha se déroule typiquement en ces étapes :

1. Le client identifie le bien qu'il souhaite acquérir et en discute le prix avec le vendeur
2. Le client demande à la banque islamique de financer cet achat via Murabaha
3. La banque achète le bien directement auprès du vendeur (devenant propriétaire)
4. La banque revend immédiatement le bien au client à un prix majoré
5. Le client paie ce prix majoré à la banque, généralement de façon échelonnée

Cette séquence est essentielle pour la validité du contrat : la banque doit réellement posséder le bien, même brièvement, avant de le revendre au client. Cette prise de possession (qabd), qui peut être physique ou constructive, distingue fondamentalement la Murabaha d'un simple prêt à intérêt.

2.1.2. Différence avec un prêt conventionnel

Bien que le résultat économique puisse sembler similaire, plusieurs différences fondamentales distinguent la Murabaha d'un prêt conventionnel :

Base de la transaction : La Murabaha est une vente, pas un prêt. Elle implique l'échange d'un bien contre de l'argent, pas d'argent contre argent.

Propriété et risque : Dans la Murabaha, la banque devient temporairement propriétaire du bien et assume donc certains risques pendant cette période.

Fixité du prix : Le prix de vente dans la Murabaha est fixé au début et ne peut être augmenté, même en cas de retard de paiement. Dans un prêt conventionnel, des intérêts supplémentaires peuvent s'accumuler.

Lien avec un actif réel : La Murabaha est toujours liée à l'acquisition d'un actif spécifique, contrairement à un prêt qui peut financer n'importe quelle activité.

Traitement des défauts de paiement : En cas de défaut, la banque islamique ne peut pas imposer de pénalités qui lui profitent (ce serait du riba).

2.1.3. Applications pratiques

La Murabaha est utilisée pour financer une grande variété de besoins :

1. **Biens de consommation** : Automobiles, électroménager, mobilier
2. **Matières premières** : Pour les entreprises ayant besoin de financer leur stock
3. **Équipements industriels** : Machines, véhicules de transport
4. **Biens immobiliers** : Bien que l'Ijara soit souvent préférée pour ce type de financement

Exemple pratique : Ahmed souhaite acheter une voiture coûtant 20 000 €. Ne disposant pas de cette somme, il s'adresse à une banque islamique. Après vérification de sa solvabilité, la banque achète la voiture au concessionnaire pour 20 000 € puis la revend immédiatement à Ahmed pour 22 000 €, payables en 24 mensualités de 916,67 €. Le profit de la banque (2 000 €) est clairement défini dès le départ et ne changera pas, même si Ahmed prend du retard dans ses paiements.

La Murabaha est de loin le produit le plus utilisé dans la finance islamique. Warde (2000) note qu'elle « représente souvent plus de 80% des portefeuilles des banques islamiques », principalement en raison de sa simplicité relative et de son faible risque pour les institutions financières.

2.2. L'Ijara: louer plutôt qu'emprunter

2.2.1. Structure et particularités

L'Ijara est l'équivalent islamique du crédit-bail ou de la location-financement. Ce terme arabe signifie littéralement « loyer » ou « rémunération pour service ». Dans sa forme la plus simple, l'Ijara est un contrat par lequel une partie (le bailleur) loue un actif à une autre partie (le locataire) pour une période spécifiée et contre un loyer déterminé.

Les caractéristiques essentielles de l'Ijara sont :

- Le bailleur doit être propriétaire de l'actif pendant toute la durée du contrat
- L'objet du contrat doit avoir une utilité légitime

- La durée du bail et le montant des loyers doivent être clairement spécifiés
- La responsabilité des réparations structurelles incombe au bailleur
- Les risques liés à la propriété restent avec le bailleur

Un point important qui distingue l'Ijara des contrats de location conventionnels est la répartition des responsabilités : le bailleur, en tant que propriétaire, conserve la responsabilité de l'entretien structurel de l'actif, tandis que le locataire prend en charge l'entretien opérationnel.

2.2.2. Variantes: *Ijara wa Iqtina*

La forme la plus courante d'Ijara dans la finance moderne est l'Ijara wa Iqtina (location avec option d'achat) ou Ijara Muntahia Bittamleek (location se terminant par un transfert de propriété). Dans ce contrat, le locataire a l'option, ou parfois l'obligation, d'acheter l'actif loué à la fin de la période de location.

Le transfert de propriété en fin de contrat peut s'effectuer de plusieurs façons:

- Par une vente pour un prix symbolique
- Par une vente anticipée pour un prix convenu lié aux loyers restants
- Par un transfert progressif de la propriété
- Par un don (hiba) du bailleur au locataire

Toutefois, la structure du contrat *Ijara wa Iqtina* doit être élaborée avec rigueur afin d'éviter la combinaison de deux contrats distincts — la location et la vente — en un seul, ce qui pourrait entraîner une incertitude excessive (gharar), un élément interdit dans la finance islamique.

2.2.3. Usages courants dans le monde financier

L'Ijara est particulièrement adaptée à certains types de financement :

- **Financement immobilier** : C'est l'application la plus courante de l'Ijara. La banque achète la propriété et la loue au client, souvent avec une option d'achat final.
- **Financement d'équipements** : Machines industrielles, équipements médicaux, flottes de véhicules et autres actifs à longue durée de vie.
- **Financement d'aéronefs** : Le secteur aéronautique utilise fréquemment l'Ijara, même dans la finance conventionnelle, en raison de ses avantages fiscaux et opérationnels.
- **Sukuk al-Ijara** : L'Ijara sert souvent de base pour structurer des sukuk (certificats d'investissement islamiques), où les investisseurs deviennent collectivement propriétaires d'un actif qui est ensuite loué à un utilisateur final.

Exemple concret : Une famille souhaite acquérir une maison à 250 000 €. Une banque islamique achète la propriété puis la loue à la famille pour 1 500 € par mois pendant 15 ans. Le contrat stipule qu'à la fin de cette période, si tous les loyers ont été payés, la propriété sera transférée à la famille. Les réparations majeures (toit, structure) restent à la charge de la banque pendant la durée du bail, tandis que l'entretien courant est assumé par la famille.

L'Ijara présente plusieurs avantages qui expliquent sa popularité :

- Flexibilité dans la fixation des loyers (ils peuvent être variables)
- Traitement comptable et fiscal souvent favorable
- Conformité relativement indiscutable aux principes de la Charia
- Familiarité conceptuelle pour les clients habitués aux contrats de location

2.3. Le Salam et l'Istisna: financer la production

2.3.1. Principes de fonctionnement

Le Salam et l'Istisna sont deux contrats islamiques qui permettent de financer la production future de biens. Ils constituent des exceptions soigneusement encadrées à la règle générale interdisant la vente de ce qui n'existe pas encore.

Le Salam (vente avec livraison différée) est un contrat dans lequel l'acheteur paie à l'avance le prix intégral d'une marchandise spécifique que le vendeur s'engage à livrer à une date future. Comme l'explique El-Gamal (2006), « le Salam était initialement conçu pour aider les agriculteurs qui avaient besoin de fonds pour cultiver leurs récoltes et subvenir à leurs besoins jusqu'à la moisson. »

Les conditions de validité du Salam sont strictes :

- Le paiement doit être intégral et immédiat
- Les biens doivent être standardisables et précisément spécifiés (qualité, quantité)
- La date et le lieu de livraison doivent être clairement définis

- Les biens doivent être raisonnablement disponibles au moment prévu pour la livraison

L'Istisna (contrat de fabrication) est un accord par lequel une partie demande à une autre de fabriquer ou construire un objet, le prix et les spécifications étant fixés à l'avance. Contrairement au Salam, le paiement dans l'Istisna peut être échelonné et coïncider avec différentes phases de production.

Les conditions de l'Istisna incluent :

- Les spécifications de l'objet doivent être précisément définies
- Le prix et les modalités de paiement doivent être fixés à l'avance
- Le contrat doit concerner des objets qui nécessitent fabrication ou construction
- Le délai de livraison peut être fixé ou non

2.3.2. Secteurs d'application

Ces contrats trouvent des applications dans divers secteurs économiques :

Le Salam est particulièrement adapté pour :

- L'agriculture (financement pré-récolte)
- Les produits de base standardisés (métaux, produits chimiques)
- Les produits manufacturés standardisés en grande série

L'Istisna convient davantage pour :

- La construction immobilière
- Les projets d'infrastructure (routes, barrages, ponts)

- La fabrication sur mesure (navires, avions, équipements spécialisés)
- Le développement de produits technologiques

Exemple de Salam :

Une banque islamique paie 100 000 € à l'avance à un producteur d'huile de palme pour 20 tonnes d'huile d'une qualité spécifiée, à livrer après la récolte dans six mois. Le producteur utilise ces fonds pour financer la récolte et la production. À l'échéance, la banque reçoit l'huile et peut la vendre sur le marché, potentiellement avec un profit.

Exemple d'Istisna :

Une entreprise commande la construction d'une usine à une société de BTP pour 2 millions d'euros, avec des spécifications détaillées et un délai de 18 mois. Une banque islamique finance ce projet via un arrangement d'Istisna parallèle : elle passe un contrat d'Istisna avec l'entreprise cliente et un autre avec la société de construction, générant une marge entre les deux prix.

2.3.3. Différences avec les contrats à terme conventionnels

Les contrats Salam et Istisna présentent des similitudes avec certains instruments conventionnels, mais s'en distinguent par plusieurs aspects :

Comparaison du Salam avec les contrats à terme (futures) :

- Dans le Salam, le paiement est intégral et immédiat, contrairement aux futures où seule une marge est requise
- Le Salam vise la livraison effective de la marchandise, pas la spéculation sur les prix

- Le Salam ne peut pas être facilement négocié sur un marché secondaire (avec quelques exceptions)
- Le Salam concerne des biens spécifiques, pas des contrats standardisés

Comparaison de l'Istisna avec les contrats de construction conventionnels :

- Dans l'Istisna, les matériaux sont généralement fournis par le fabricant/constructeur
- Les modalités de paiement sont plus flexibles dans l'Istisna
- L'Istisna peut être annulé avant le début de la fabrication (selon certaines écoles juridiques)
- Le prix dans l'Istisna est fixe, protégeant l'acheteur contre les dépassements de coûts

Ces contrats répondent à un besoin économique réel de financement de la production future tout en respectant les principes de la Charia. Ils démontrent la flexibilité et la sophistication du droit commercial islamique, capable d'accommoder les besoins financiers complexes sans recourir à l'intérêt.

3. Les Sukuk: les « obligations islamiques »

Les Sukuk représentent l'une des innovations les plus significatives de la finance islamique moderne. Souvent décrits comme des « obligations islamiques », ces instruments financiers permettent de mobiliser des capitaux importants sur les marchés tout en respectant les principes de la Charia.

3.1. Structure et mécanismes

Les Sukuk sont des **certificats ou titres d'investissement conformes à la charia** qui représentent la **propriété directe ou indirecte d'actifs tangibles ou d'un projet** spécifique. Ils se différencient des obligations conventionnelles en ce qu'ils ne représentent pas une simple créance financière, ni ne génèrent d'intérêts, mais un **rendement basé sur les profits issus de ces actifs**.

La structure typique d'une émission de Sukuk comprend les éléments suivants :

1. Un émetteur (souvent une entité à but spécial ou SPV) qui émet les certificats
2. Des actifs sous-jacents qui génèrent des revenus
3. Des investisseurs qui achètent les certificats, devenant ainsi copropriétaires des actifs
4. Un arrangement contractuel islamique (Ijara, Musharaka, etc.) qui structure la transaction
5. Des paiements périodiques aux détenteurs, provenant des revenus générés par les actifs

Une caractéristique essentielle des Sukuk est que les investisseurs partagent réellement les risques associés aux actifs sous-jacents. Leurs rendements proviennent de la performance de ces actifs, et non d'une simple obligation de paiement d'intérêts de la part de l'émetteur.

3.2. Les différents types de Sukuk

Les Sukuk peuvent être structurés selon différents contrats islamiques, chacun ayant ses propres caractéristiques :

- **Sukuk al-Ijara** (basés sur la location) : Les plus courants et les plus simples à structurer. Les investisseurs possèdent collectivement des actifs qui sont loués à un utilisateur. Les loyers constituent le rendement pour les investisseurs.
- **Sukuk al-Mudaraba** (basés sur le partenariat passif) : Les investisseurs fournissent le capital à un entrepreneur (mudarib) qui gère un projet ou une entreprise. Les profits sont partagés selon un ratio prédéterminé.
- **Sukuk al-Musharaka** (basés sur le partenariat) : Similaires aux précédents, mais l'émetteur contribue également au capital du projet et participe à sa gestion.
- **Sukuk al-Murabaha** (basés sur la vente avec marge) : Structurés autour d'une transaction de Murabaha, où les fonds collectés servent à acheter des marchandises qui sont revendues avec une marge bénéficiaire.
- **Sukuk al-Wakala** (basés sur l'agence) : Les investisseurs nomment l'émetteur comme agent (wakil) pour investir leurs fonds dans un portefeuille diversifié, contre une commission fixe.
- **Sukuk hybrides** : Combinant plusieurs structures pour répondre à des besoins spécifiques et optimiser le profil risque/rendement.

Chaque type de Sukuk présente différentes caractéristiques en termes de risque, de rendement, de traitement fiscal et de négociabilité sur les marchés secondaires.

3.3. Leur rôle dans les marchés financiers

Les Sukuk jouent plusieurs rôles cruciaux dans le développement de la finance islamique et des marchés financiers en général :

- **Mobilisation de capitaux** : Ils permettent aux gouvernements et aux entreprises de lever des fonds substantiels tout en respectant les principes islamiques.
- **Gestion de trésorerie** : Les institutions financières islamiques utilisent les Sukuk comme instruments de placement pour gérer leur liquidité, en l'absence d'alternatives conformes à la Charia comme les bons du Trésor conventionnels.
- **Approfondissement des marchés financiers** : Les Sukuk contribuent à diversifier les instruments disponibles sur les marchés de capitaux, attirant de nouveaux types d'investisseurs.
- **Financement d'infrastructures** : Particulièrement adaptés au financement de projets d'infrastructure à long terme en raison de leur adossement à des actifs tangibles.
- **Inclusion financière** : Ils permettent aux investisseurs respectant les principes de la Charia de participer aux marchés de capitaux.

3.4. Le marché mondial des Sukuk en chiffres

Le marché des Sukuk a connu une croissance remarquable ces dernières décennies, malgré quelques ralentissements temporaires liés aux crises économiques mondiales :

- **Volume d'émission annuel** : En 2023, les émissions mondiales de Sukuk ont atteint environ 212 milliards de dollars, marquant une progression significative par rapport aux 182,7 milliards de dollars de 2022.

- **Sukuk durables** : Ce segment est en forte croissance, avec des émissions atteignant 13,4 milliards de dollars en 2023, soit une augmentation de 42% par rapport à l'année précédente.

- **Principaux marchés** : La Malaisie domine toujours le marché avec environ 36% des émissions mondiales, suivie par l'Arabie Saoudite (22%), l'Indonésie (10%), ainsi que les Émirats Arabes Unis et le Qatar.

- **Émetteurs souverains** : Les gouvernements restent les principaux émetteurs de Sukuk, représentant plus de 60% du marché.

- **Répartition sectorielle** : Le secteur financier et les services publics sont les principaux émetteurs de Sukuk dans le secteur privé.

- **Internationalisation** : Des juridictions non-musulmanes comme le Royaume-Uni, Singapour, le Luxembourg et Hong Kong ont également émis des Sukuk souverains.

- **Perspectives** : Les analystes prévoient une croissance continue du marché, soutenue par l'expansion de la finance islamique et la demande croissante pour des instruments conformes à la Charia.

Les défis persistants incluent le manque de standardisation des structures, la liquidité limitée sur les marchés secondaires et les complexités juridiques et fiscales dans certaines juridictions. Malgré ces obstacles, les Sukuk continuent d'évoluer et de s'adapter aux besoins changeants des marchés financiers mondiaux.

4. Choisir le bon contrat

La diversité des contrats islamiques offre une flexibilité considérable pour répondre à différents besoins financiers. Cependant, cette même diversité peut rendre le choix du contrat approprié complexe pour les particuliers, les entreprises ou les institutions financières.

4.1. Quel produit pour quel besoin?

Le choix du contrat islamique le plus adapté dépend de plusieurs facteurs, notamment la nature du besoin de financement, la durée souhaitée, le profil de risque des parties et les considérations pratiques de mise en œuvre.

Pour l'acquisition de biens existants (maison, voiture, équipement) :

- La **Murabaha** est généralement privilégiée pour les biens de consommation et les achats à court ou moyen terme en raison de sa simplicité et de son coût de mise en œuvre relativement faible.
- L'**Ijara** est souvent préférée pour les biens immobiliers ou les équipements à longue durée de vie, car elle offre plus de flexibilité dans les paiements et peut s'adapter aux changements de situation.

Pour le financement d'entreprises :

- La **Mudharaba** convient particulièrement aux entrepreneurs n'ayant pas de capital mais disposant d'expertise et de compétences spécifiques.
- La **Musharaka** est adaptée aux projets où toutes les parties peuvent contribuer au capital et souhaitent partager la gestion.

- La **Musharaka dégressive** permet à un entrepreneur de racheter progressivement les parts d'un investisseur, idéal pour les transitions de propriété.

Pour le financement de la production :

- Le **Salam** est approprié pour le financement agricole et la production de biens standardisés où le paiement anticipé est nécessaire.
- L'**Istisna** convient aux projets de construction et à la fabrication sur mesure, permettant des paiements échelonnés.

Pour la levée de capitaux sur les marchés :

- Les **Sukuk** offrent une solution pour mobiliser des fonds importants, avec différentes structures selon les actifs disponibles et les besoins spécifiques.

Comme le note Iqbal et Mirakhor (2011), « le choix du contrat islamique approprié devrait être guidé par la nature économique de la transaction plutôt que par la tentative de reproduire les effets d'instruments conventionnels. »

4.2. Tableau récapitulatif des caractéristiques

Pour faciliter la comparaison, voici un tableau synthétisant les principales caractéristiques des contrats islamiques les plus courants :

Contrat	Type	Partage des profits	Partage des pertes	Propriété de l'actif	Utilisation typique
Mudharaba	Participatif	Selon ratio convenu	Investisseur uniquement	Investisseur	Financement entrepreneurial, dépôts bancaires
Musharaka	Participatif	Selon ratio convenu	Proportionnel au capital	Partagée	Joint-ventures, financement immobilier
Murabaha	Vente	Marge fixe prédéterminée	N/A	Transférée au client	Biens de consommation, matières premières
Ijara	Location	Loyers (fixes ou variables)	N/A	Bailleur pendant la durée	Immobilier, équipements
Salam	Vente différée	Prix fixé d'avance	N/A	Acheteur à la livraison	Agriculture, commodités
Istisna	Fabrication	Prix fixé d'avance	N/A	Acheteur à la livraison	Construction, fabrication sur mesure
Sukuk	Certificat d'investissement	Selon l'actif sous-jacent	Selon l'actif sous-jacent	Détenteurs de certificats	Financement de projets, marchés de capitaux

Ce tableau met en évidence la diversité des options disponibles et leurs caractéristiques distinctives, facilitant une première orientation dans le choix du contrat approprié.

4.3. Questions à se poser avant de choisir

Pour déterminer le contrat islamique le plus adapté à une situation particulière, plusieurs questions clés doivent être considérées :

Concernant l'objet du financement :

- S'agit-il d'un bien existant ou à produire?
- Quelle est la durée de vie prévue de l'actif?
- L'actif génère-t-il des revenus par lui-même?

Concernant la relation entre les parties :

- Quel niveau d'implication du financier est souhaité dans la gestion?
- Quelle répartition des risques est acceptable pour les parties?
- Le financement est-il ponctuel ou s'inscrit-il dans une relation à long terme?

Concernant les aspects pratiques :

- Quelle est la complexité acceptable en termes de documentation et de suivi?
- Quelles sont les implications fiscales et comptables des différentes options?
- Comment le contrat s'adaptera-t-il aux changements potentiels de circonstances?

Concernant la conformité religieuse :

- Quel niveau de rigueur dans l'application des principes islamiques est recherché?
- Certains contrats sont-ils préférés par l'école juridique suivie par les parties?

La consultation d'experts en finance islamique et en droit de la Charia est souvent nécessaire pour naviguer efficacement dans ces choix complexes, particulièrement pour les transactions importantes ou innovantes.

En fin de compte, la richesse et la diversité des contrats islamiques offrent une flexibilité remarquable pour structurer des solutions financières éthiques adaptées à une grande variété de besoins, démontrant la capacité de la finance islamique à concilier principes religieux et réalités économiques contemporaines.

Chapitre 3 : Le fonctionnement d'une institution financière islamique

1. La gouvernance des institutions islamiques

Les institutions financières islamiques (IFI) se distinguent par une structure de gouvernance qui va bien au-delà des considérations purement financières. Cette gouvernance unique reflète la nécessité de concilier performance économique et conformité aux principes éthiques et religieux de l'Islam.

1.1. Structure organisationnelle

Une institution financière islamique présente généralement une structure organisationnelle à plusieurs niveaux, chacun ayant des responsabilités spécifiques dans la gouvernance globale de l'institution.

Au sommet de cette structure se trouve le **Conseil d'administration**, responsable de la direction stratégique et de la supervision générale. Comme dans les institutions conventionnelles, il représente les intérêts des actionnaires et fixe les objectifs à long terme.

La particularité des IFI apparaît avec la présence d'un **Conseil de conformité chariatique** (Shariah Board), un organe indépendant composé d'experts en jurisprudence islamique. Ce conseil occupe une position d'autorité unique, souvent au même niveau hiérarchique que le conseil d'administration, avec un pouvoir de veto sur les activités jugées non conformes à la Charia.

Sous ces organes de gouvernance supérieurs se trouvent la **Direction générale** et les différents **départements opérationnels** (investissement, crédit, trésorerie, etc.) qui fonctionnent de manière similaire à leurs homologues conventionnels, mais avec des contraintes supplémentaires liées à la conformité religieuse.

Un élément distinctif supplémentaire est la présence d'un **Département de conformité chariatique interne**, dirigé par un responsable qui assure la liaison entre le Conseil de Charia et les opérations quotidiennes.

1.2. Le double contrôle : financier et religieux

La caractéristique la plus distinctive de la gouvernance des institutions financières islamiques est le système de double contrôle : financier et religieux.

Le **contrôle financier** s'exerce de manière similaire aux institutions conventionnelles, à travers :

- L'audit interne et externe des états financiers
- La surveillance prudentielle par les régulateurs
- Les mécanismes de contrôle des risques
- La gouvernance d'entreprise standard

En parallèle, le **contrôle religieux** constitue une couche supplémentaire unique aux IFI:

- Supervision préalable des nouveaux produits et services
- Audit chariatique des transactions et des contrats
- Révision des procédures opérationnelles

- Certification de conformité à la Charia

Ces deux systèmes de contrôle fonctionnent en parallèle mais sont interdépendants.

Cette dualité de contrôle se manifeste concrètement dans les processus décisionnels quotidiens de l'institution. Par exemple, le lancement d'un nouveau produit financier nécessite non seulement une analyse de rentabilité et de risque, mais aussi une validation formelle du Conseil de Charia attestant sa conformité aux principes islamiques.

1.3. La transparence : un principe fondamental

La transparence constitue un pilier fondamental de la gouvernance des institutions financières islamiques, reflétant le principe islamique d'honnêteté dans les transactions commerciales (amanah).

Cette transparence se manifeste à plusieurs niveaux :

- **Transparence envers les clients** : Les IFI doivent clairement expliquer la structure de leurs produits, leurs mécanismes de profit et leur conformité aux principes religieux.
- **Transparence dans la gouvernance chariatique** : Les décisions et avis (fatwas) du Conseil de Charia sont généralement publiés et accessibles. De nombreuses IFI incluent dans leurs rapports annuels un « Rapport de conformité chariatique » détaillant les méthodes de surveillance religieuse employées et les éventuelles infractions identifiées.

- **Divulgation des méthodes de calcul des profits** : Particulièrement pour les comptes d'investissement basés sur le partage des profits et pertes, les institutions doivent détailler comment les rendements sont calculés et distribués.

Ainsi, la transparence est d'autant plus cruciale que la finance islamique repose fondamentalement sur la confiance des clients dans la sincérité de l'institution à respecter les principes religieux, aspect qui peut difficilement être vérifié directement par le client lui-même.

2. Les conseils de conformité chariatique

Les conseils de conformité chariatique (Shariah Boards) constituent la pierre angulaire de la gouvernance religieuse des institutions financières islamiques. Leur rôle est fondamental pour assurer la légitimité et la crédibilité des produits et services offerts.

2.1. Composition et nomination

Un conseil de conformité chariatique se compose généralement de 3 à 7 membres, bien que ce nombre puisse varier selon la taille et la complexité de l'institution. Ces membres sont des experts reconnus en jurisprudence islamique (fiqh), particulièrement dans le domaine des transactions commerciales (fiqh al-muamalat).

Profil des membres : Idéalement, un conseil équilibré combine :

- Des érudits religieux spécialisés en jurisprudence islamique
- Des experts ayant une double formation en Charia et en finance
- Parfois, des spécialistes techniques (comptabilité, droit, économie) avec une connaissance solide des principes islamiques

Processus de nomination: Les membres sont généralement nommés par l'assemblée générale des actionnaires sur recommandation du conseil d'administration. Leur mandat est souvent de 3 à 5 ans, renouvelable.

Dans certains pays comme la Malaisie, l'Indonésie ou le Pakistan, la banque centrale maintient une liste d'érudits approuvés parmi lesquels les institutions doivent sélectionner leurs membres. Dans d'autres juridictions, la nomination est entièrement laissée à la discrétion de l'institution.

Indépendance : L'indépendance du conseil est cruciale pour sa crédibilité. Pour garantir cette indépendance, plusieurs mesures sont généralement mises en place :

- Rémunération fixe non liée aux performances financières
- Mandat à durée déterminée avec des conditions de révocation strictes
- Reporting direct à l'assemblée générale des actionnaires
- Divulgation obligatoire des conflits d'intérêts potentiels

2.2. Rôles et responsabilités

Les conseils de conformité chariatique assument plusieurs fonctions essentielles au sein des institutions financières islamiques :

- **rôle consultatif**: Ils fournissent des avis sur la conformité des produits, services et opérations avec les principes de la Charia. Ce rôle s'étend souvent au-delà des questions purement financières pour inclure des aspects comme les politiques de ressources humaines, les activités de marketing ou les investissements sociaux.

- **rôle certificatif**: Ils émettent des fatwas (avis juridiques religieux) approuvant formellement les produits et services avant leur lancement. Ces certifications constituent la base de la légitimité religieuse de l'institution.

- **rôle d'audit**: Ils supervisent ou réalisent des audits réguliers pour vérifier que les opérations quotidiennes respectent leurs directives.

- **rôle éducatif**: Ils contribuent à la formation du personnel et à la sensibilisation des clients sur les principes de la finance islamique. Ce rôle pédagogique est crucial pour construire une culture organisationnelle alignée avec les valeurs islamiques.

- **rôle de développement**: Ils participent à l'innovation financière en aidant à concevoir des produits qui répondent aux besoins du marché tout en respectant les principes religieux.

2.3. Le processus de validation des produits

Le processus de validation des produits par le conseil de conformité chariatique suit généralement un parcours structuré qui peut être décomposé en plusieurs étapes :

- **Conception initiale** : L'équipe de développement produit crée un concept qui répond à un besoin du marché, en s'inspirant souvent des contrats islamiques classiques (Murabaha, Ijara, Mudharaba, etc.).

- **Consultation préliminaire** : Des discussions informelles avec des membres du département de conformité chariatique interne permettent d'identifier les problèmes potentiels et d'affiner la structure du produit.
- **Soumission formelle** : Un dossier détaillé est préparé, comprenant :

  - La structure juridique complète du produit
  - Les flux financiers prévus
  - Les contrats et documents à utiliser
  - La justification religieuse (avec références aux sources islamiques)
  - Les précédents comparables dans d'autres institutions

- **Examen et délibération** : Le conseil examine le dossier, pose des questions supplémentaires et délibère sur la conformité du produit.
- **Décision** : Le conseil peut :

  - Approuver le produit tel quel
  - Approuver sous conditions (avec modifications spécifiques)
  - Rejeter le produit en expliquant les raisons

- **Implémentation et suivi** : Après l'approbation, l'équipe opérationnelle met en œuvre le produit sous la supervision du département de conformité chariatique interne.

Ce processus peut prendre de quelques semaines à plusieurs mois selon la complexité et l'innovation du produit proposé. Les produits plus standardisés suivent généralement un parcours accéléré.

2.4. L'audit chariatique : garantir la conformité continue

L'audit chariatique représente une extension critique du rôle des conseils de conformité, assurant que les opérations quotidiennes respectent effectivement les principes approuvés. Contrairement à l'approbation initiale des produits, l'audit chariatique est un processus continu qui examine l'application pratique des décisions du conseil.

Types d'audit chariatique :

- **Audit interne régulier** : Généralement réalisé par le département de conformité chariatique interne, qui examine un échantillon de transactions pour vérifier leur conformité.
- **Audit externe annuel** : Effectué sous la supervision directe du conseil de conformité chariatique, souvent avec l'aide d'auditeurs spécialisés. Il aboutit à l'émission d'un rapport de conformité chariatique publié avec les états financiers annuels.
- **Audits spécifiques** : Des examens ciblés peuvent être déclenchés par l'introduction de nouveaux systèmes, des changements réglementaires ou des préoccupations spécifiques.

Méthodologie de l'audit chariatique :

L'audit chariatique emploie une méthodologie rigoureuse qui comprend:

- L'examen des contrats et de la documentation
- La vérification des flux financiers et de leur allocation
- L'analyse des procédures opérationnelles
- Des entretiens avec le personnel clé
- La vérification de la séparation des fonds conformes et non conformes

Traitement des non-conformités :

Lorsque des violations sont identifiées, plusieurs mesures peuvent être prises :

- Correction immédiate des transactions non conformes
- Purification des revenus générés (don à des œuvres caritatives)
- Révision des procédures pour éviter la répétition
- Formation supplémentaire du personnel impliqué
- Dans les cas graves, divulgation publique dans le rapport annuel

L'audit chariatique complète ainsi le cycle de gouvernance religieuse, assurant que l'approbation initiale des produits se traduit par une application fidèle dans les opérations quotidiennes de l'institution.

3. Les standards internationaux

Face à la croissance rapide de la finance islamique à l'échelle mondiale, des efforts significatifs ont été déployés pour développer des standards internationaux harmonisant les pratiques et renforçant la crédibilité du secteur. Ces standards jouent un rôle crucial dans la promotion de la transparence, de la stabilité et de l'efficacité des institutions financières islamiques.

3.1. Les organisations normatives : AAOIFI, IFSB

Plusieurs organisations internationales sont à l'avant-garde du développement et de la promotion des standards pour la finance islamique, chacune avec un domaine de spécialisation spécifique.

L'Accounting and Auditing Organization for Islamic Financial Institutions (AAOIFI), fondée en 1991 et basée à Bahreïn, est l'organisation pionnière dans ce domaine. Elle a développé plus de 100 standards dans différents domaines :

- Normes comptables spécifiques à la finance islamique
- Standards d'audit et de gouvernance
- Normes chariatiques détaillant les exigences religieuses pour les contrats et produits
- Codes d'éthique pour les professionnels du secteur

L'Islamic Financial Services Board (IFSB), établi en 2002 à Kuala Lumpur, se concentre sur les aspects réglementaires et prudentiels.

Les principales contributions de l'IFSB incluent :

- Directives de gestion des risques adaptées aux particularités de la finance islamique
- Standards d'adéquation des fonds propres pour les banques islamiques
- Principes directeurs pour la gouvernance des institutions offrant des services financiers islamiques
- Normes de supervision et de transparence

D'autres organisations jouent également un rôle important:

L'International Islamic Financial Market (IIFM) se concentre sur la standardisation des contrats et des produits pour les marchés de capitaux islamiques.

L'Islamic International Rating Agency (IIRA) développe des méthodologies de notation spécifiques pour évaluer à la fois la solidité financière et la conformité chariatique des institutions.

Le General Council for Islamic Banks and Financial Institutions (CIBAFI) joue un rôle dans la formation professionnelle et le partage des meilleures pratiques.

3.2. Principales normes et directives

Les standards développés par ces organisations couvrent l'ensemble des aspects opérationnels des institutions financières islamiques. Parmi les plus significatifs :

Standards comptables :

L'AAOIFI a développé des normes comptables spécifiques qui tiennent compte des particularités des contrats islamiques. Par exemple, le traitement comptable d'une Murabaha diffère fondamentalement de celui d'un prêt conventionnel, puisqu'il s'agit d'une vente avec marge et non d'un prêt portant intérêt.

Standards de gouvernance chariatique :

Ces normes définissent la composition, les responsabilités et les procédures de fonctionnement des conseils de conformité chariatique.

Normes de gestion des risques :

L'IFSB a élaboré des directives spécifiques pour la gestion des risques uniques à la finance islamique, comme le risque de non-conformité chariatique ou les risques associés aux contrats de partage des profits et pertes.

Standards d'adéquation des fonds propres :

Ces normes adaptent les principes de Bâle aux spécificités des banques islamiques, notamment en ce qui concerne les comptes d'investissement participatifs qui ne constituent pas une dette fixe pour la banque.

Directives de liquidité :

Des standards spécifiques pour la gestion de la liquidité, un défi particulier pour les institutions islamiques en raison des restrictions sur les instruments de dette négociables et les marchés interbancaires conventionnels.

3.3. Défis de la standardisation mondiale

Malgré les progrès significatifs réalisés dans le développement de standards internationaux, leur adoption et leur mise en œuvre uniforme restent confrontées à plusieurs défis majeurs.

Diversité des interprétations juridiques :

Les différentes écoles de pensée islamique (madhhabs) et les traditions juridiques régionales peuvent conduire à des interprétations divergentes des principes de la Charia. Hassan et Lewis (2007) soulignent que ce qui est considéré comme conforme dans une juridiction peut être jugé problématique dans une autre, compliquant l'établissement de normes universellement acceptées.

Cadres réglementaires nationaux :

L'intégration des standards internationaux dans les cadres juridiques nationaux pose des défis considérables. Certains pays ont pleinement adopté les normes de l'AAOIFI ou de l'IFSB, d'autres les ont adaptées à leur contexte local, tandis que d'autres encore ont développé leurs propres standards.

Nature volontaire des standards :

À l'exception de quelques pays comme Bahreïn et le Soudan qui ont rendu obligatoires les normes de l'AAOIFI, l'adoption de ces standards reste largement volontaire, ce qui limite leur impact harmonisateur.

Tension entre standardisation et innovation :

Une standardisation excessive pourrait potentiellement étouffer l'innovation financière, essentielle au développement continu du secteur.

Coûts de mise en conformité :

L'adoption de standards internationaux peut représenter un coût significatif, particulièrement pour les petites institutions, en termes de formation, de systèmes d'information et d'expertise spécialisée.

Coexistence avec les normes conventionnelles :

Dans de nombreuses juridictions, les institutions financières islamiques doivent se conformer à la fois aux standards spécifiques à la finance islamique et aux normes conventionnelles (IFRS, Bâle, etc.), créant parfois des exigences contradictoires ou redondantes.

3.4.   Vers une harmonisation des pratiques ?

Malgré les défis, on observe une tendance progressive vers une plus grande harmonisation des pratiques dans la finance islamique, stimulée par plusieurs facteurs.

Convergence des interprétations :

Les discussions continues entre érudits de différentes régions, facilitées par des forums comme le Conseil de Fiqh de l'Organisation de la Coopération Islamique, contribuent à réduire les divergences d'interprétation sur les questions financières fondamentales.

Pression du marché :

La mondialisation de la finance islamique crée une pression naturelle vers l'harmonisation.

Approches régionales :

Des initiatives régionales, comme l'harmonisation des cadres réglementaires au sein du Conseil de Coopération du Golfe ou de l'ASEAN, constituent des étapes intermédiaires vers une standardisation plus globale.

Solutions pragmatiques :

Le développement de « passerelles » entre différentes approches, comme la reconnaissance mutuelle des approbations chariatiques entre certaines juridictions, facilite les transactions transfrontalières sans exiger une harmonisation complète.

Rôle croissant des régulateurs :

Les banques centrales et les autorités de régulation financière jouent un rôle de plus en plus actif dans la promotion de standards cohérents, parfois en créant des conseils de Charia centralisés au niveau national.

Cette évolution vers une plus grande harmonisation, bien que graduelle, est essentielle pour la crédibilité et l'expansion continue de la finance islamique sur la scène internationale. Elle contribue également à faciliter la compréhension et l'acceptation de ce système financier dans les juridictions non musulmanes.

4. Évaluer une institution financière islamique

Pour les clients, investisseurs ou partenaires potentiels, évaluer la qualité et la crédibilité d'une institution financière islamique représente un défi particulier. Au-delà des indicateurs financiers conventionnels, cette évaluation doit intégrer des dimensions spécifiques liées à la conformité religieuse et à l'authenticité de l'approche islamique.

4.1. Les indicateurs de conformité à surveiller

Plusieurs indicateurs permettent d'évaluer le niveau de conformité d'une institution financière islamique aux principes de la Charia :

Composition et indépendance du Conseil de Charia :

La qualité, la réputation et l'indépendance des membres du conseil sont des indicateurs cruciaux.

Points à vérifier :

- Nombre et qualifications des membres
- Leur reconnaissance dans le domaine de la finance islamique
- Leur indépendance (siègent-ils dans de nombreux autres conseils?)
- La fréquence de leurs réunions

Transparence du processus de conformité : Une institution véritablement engagée dans la finance islamique communiquera ouvertement sur ses processus de validation chariatique. Cela inclut:

- Publication des fatwas et décisions du conseil
- Divulgation des mécanismes d'audit chariatique
- Transparence sur le traitement des revenus non conformes
- Clarté des explications sur la structure des produits

Ratio de produits participatifs : La proportion de produits basés sur le partage des profits et pertes (Mudharaba, Musharaka) par rapport aux produits basés sur des marges fixes (Murabaha, Ijara) peut indiquer l'authenticité de l'approche.

Traitement des situations problématiques : La manière dont l'institution gère les défauts de paiement, les pénalités de retard ou les situations imprévues révèle souvent son véritable engagement envers les principes islamiques.

Séparation des fonds : Une ségrégation claire entre les fonds halal et les revenus potentiellement non conformes (comme les pénalités) qui doivent être versés à des œuvres caritatives.

Politique d'investissement : Les critères de filtrage utilisés pour les investissements, notamment l'exclusion des secteurs prohibés et la gestion des entreprises à activités mixtes.

4.2. La certification : labels et accréditations

Les certifications et accréditations fournissent une validation externe de la conformité d'une institution aux standards de la finance islamique.

Certifications institutionnelles :

Plusieurs types de certifications peuvent attester de la conformité d'une institution :

- **Certification AAOIFI**: Certaines institutions obtiennent une certification formelle de conformité aux standards de l'AAOIFI, particulièrement en matière de gouvernance et d'audit chariatique.
- **Accréditation par les autorités réglementaires** : Dans des pays comme la Malaisie, les institutions reçoivent une licence spécifique pour les activités financières islamiques après un examen rigoureux de leurs structures et processus.

- **Notation de conformité chariatique**: Des agences comme l'Islamic International Rating Agency (IIRA) offrent des évaluations spécifiques du niveau de conformité chariatique, distinctes des notations financières conventionnelles.

Certifications de produits :

Au-delà de l'institution elle-même, des certifications spécifiques peuvent être attribuées à des produits particuliers :

- **Labels de conformité**: Dans certains marchés, notamment en Malaisie, des labels officiels de conformité peuvent être attribués à des produits financiers après validation par l'autorité chariatique nationale.
- **Certification Sukuk**: Les émissions de Sukuk font souvent l'objet d'une certification spécifique attestant de leur structure conforme à la Charia.

Il est important de souligner que ces certifications varient considérablement en rigueur et en reconnaissance selon les juridictions et les organismes émetteurs.

4.3. Questions essentielles à poser

Pour évaluer la crédibilité d'une institution financière islamique, plusieurs questions clés méritent d'être posées :

Concernant la gouvernance chariatique :

- Qui sont les membres de votre Conseil de Charia et quelles sont leurs qualifications?
- Comment s'organise le processus de validation des produits?
- Les avis (fatwas) du Conseil sont-ils publiquement accessibles?

- Comment assurez-vous l'indépendance du Conseil de Charia?

Concernant les produits et services :

- Pouvez-vous expliquer la structure chariatique de ce produit en termes simples?
- Quels contrats islamiques classiques sous-tendent vos produits?
- Quelle proportion de vos financements utilise des structures participatives (Mudharaba, Musharaka)?
- Comment gérez-vous les retards de paiement sans recourir à des intérêts de pénalité?

Concernant les pratiques opérationnelles:

- Comment séparez-vous les fonds conformes des revenus non conformes?
- Quels critères de filtrage appliquez-vous à vos investissements?
- Comment calculez-vous les profits sur les comptes d'investissement?
- Quel est votre processus d'audit chariatique interne?

Concernant la transparence:

- Publiez-vous un rapport annuel de conformité chariatique?
- Comment communiquez-vous les décisions du Conseil de Charia aux clients?
- Quelle formation en finance islamique reçoit votre personnel?

4.4. Signes d'alerte : quand être vigilant

Certains signes peuvent alerter sur une application superficielle ou problématique des principes de la finance islamique :

Conseil de Charia peu transparent: Si l'institution est réticente à fournir des informations détaillées sur son Conseil de Charia, sa composition ou son fonctionnement, cela peut indiquer une supervision religieuse insuffisante.

Produits suspicieusement similaires aux produits conventionnels: Des produits qui semblent simplement rebaptiser des instruments conventionnels sans modification substantielle de leur structure économique. Par exemple, certaines institutions se contentent de remplacer le mot « intérêt » par « profit », sans toutefois modifier en profondeur le fonctionnement réel du mécanisme financier.

Absence d'explication claire: L'incapacité à expliquer simplement comment un produit respecte les principes islamiques peut indiquer une conformité purement formelle ou des structures artificiellement complexifiées pour masquer des aspects problématiques.

Marketing focalisé uniquement sur l'aspect religieux: Une communication qui met exclusivement l'accent sur la conformité religieuse sans aborder la qualité des services ou la compétitivité des produits peut parfois masquer des faiblesses opérationnelles.

Conseil de Charia « surchargé »: Des érudits qui siègent dans un nombre excessif de conseils peuvent ne pas avoir le temps d'examiner adéquatement toutes les questions soumises à leur approbation.

Absence d'audit chariatique: Une institution qui ne peut démontrer un processus rigoureux d'audit continu de la conformité chariatique risque de dévier dans ses opérations quotidiennes des principes approuvés initialement.

Traitement opaque des revenus non conformes: Le manque de transparence sur la manière dont sont traités les revenus potentiellement non conformes (comme les pénalités de retard) peut indiquer des pratiques problématiques.

Cette vigilance est d'autant plus nécessaire que les clients choisissant la finance islamique le font souvent pour des raisons de conviction personnelle, et non simplement pour des considérations financières, ce qui renforce l'importance d'une évaluation rigoureuse de l'authenticité des institutions.

Chapitre 4 : La finance islamique dans le monde: une success story

1. Naissance et premiers pas

La finance islamique moderne, bien que fondée sur des principes millénaires, est un phénomène relativement récent dont l'émergence institutionnelle remonte aux années 1960-1970. Cette naissance s'est produite dans un contexte de décolonisation, de réveil identitaire dans le monde musulman et de recherche d'alternatives au modèle économique occidental dominant.

1.1. Les pionniers des années 1960-1970

Les premières expérimentations concrètes de finance islamique moderne ont vu le jour dans les années 1960, avec des initiatives modestes mais visionnaires. Ces projets pionniers ont posé les fondations pratiques d'un système qui allait connaître une expansion remarquable dans les décennies suivantes.

L'une des premières expériences documentées fut la caisse d'épargne de Mit Ghamr en Égypte, fondée en 1963 par l'économiste Ahmad El Najjar. Cette institution rurale, qui fonctionnait sans intérêt et sur un modèle de partage des profits, combinait les principes des banques coopératives allemandes avec les préceptes financiers islamiques.

Bien que cette expérience ait été interrompue en 1967 pour des raisons politiques, elle a prouvé la viabilité d'un modèle bancaire alternatif.

En Malaisie, la Tabung Haji (Caisse des Pèlerins) fut établie en 1963 pour aider les musulmans à épargner pour le pèlerinage à La Mecque sans recourir à des intérêts. Cette institution, qui existe encore aujourd'hui, représente l'une des plus anciennes institutions financières islamiques en fonctionnement continu.

Ces initiatives précoces, bien que limitées dans leur portée, ont démontré qu'il était possible de créer des institutions financières viables respectant les principes de la Charia, et ont servi de laboratoires pour tester des concepts qui seraient plus tard adoptés à plus grande échelle.

1.2. La création de la Banque Islamique de Développement

Un moment décisif dans l'histoire de la finance islamique fut la création de la Banque Islamique de Développement (BID) en 1975, suite à la déclaration de la Conférence des ministres des Finances des pays musulmans tenue à Djeddah en 1973.

Fondée avec un capital initial de 2 milliards de dinars islamiques (équivalent à 2 milliards de DTS du FMI), la BID représentait la première institution financière islamique multilatérale, avec pour actionnaires les pays membres de l'Organisation de la Conférence Islamique (aujourd'hui Organisation de la Coopération Islamique).

Sa mission principale était de soutenir le développement économique et le progrès social des pays membres et des communautés musulmanes dans les pays non-membres.

La BID a joué un rôle catalyseur crucial pour le développement de la finance islamique en:

- Fournissant une assistance technique et financière pour la création de banques islamiques
- Développant des instruments financiers conformes à la Charia
- Finançant des recherches et des formations dans le domaine de l'économie et de la finance islamiques
- Établissant des standards et des meilleures pratiques

Aujourd'hui, la BID est devenue un groupe comprenant cinq entités principales avec un capital autorisé de 100 milliards de dollars, finançant des projets d'infrastructure, d'agriculture, d'éducation et de santé dans ses 57 pays membres.

1.3. Les premières banques commerciales islamiques

Suite à ces initiatives pionnières, les années 1970 ont vu l'émergence des premières banques islamiques commerciales à part entière, marquant le début de la finance islamique moderne comme industrie organisée.

La Dubai Islamic Bank, fondée en 1975 aux Émirats Arabes Unis, est généralement considérée comme la première banque islamique commerciale privée. Elle fut rapidement suivie par la Kuwait Finance House (1977), la Faisal Islamic Bank of Egypt (1977), la Faisal Islamic Bank of Sudan (1977), et la Jordan Islamic Bank (1978).

Ces institutions offraient pour la première fois une gamme complète de services bancaires conformes à la Charia, s'adressant tant aux particuliers qu'aux entreprises. Comme l'expliquent Iqbal et Mirakhor (2011), « ces banques ont dû innover en développant des alternatives islamiques aux produits bancaires conventionnels, posant ainsi les bases pratiques de l'industrie moderne. »

L'Islamic Banking System International Holdings, créée au Luxembourg en 1978, représentait quant à elle la première tentative d'établir une présence en Occident, signalant déjà l'ambition internationale du mouvement.

Ces premières banques commerciales ont dû relever plusieurs défis considérables:

- L'absence de cadres réglementaires adaptés
- Le manque de liquidité et d'instruments de gestion de trésorerie
- La nécessité de former du personnel qualifié
- Le besoin d'éduquer le public sur ce nouveau modèle bancaire

Malgré ces obstacles, ces institutions pionnières ont démontré la viabilité commerciale du modèle bancaire islamique et ont jeté les bases d'une expansion qui s'accélérerait dans les décennies suivantes.

1.4. Facteurs historiques de développement

L'émergence et l'expansion initiale de la finance islamique peuvent être attribuées à une confluence de facteurs historiques, économiques, sociaux et politiques qui ont créé un environnement propice à son développement à partir des années 1970.

Le boom pétrolier des années 1970 a joué un rôle déterminant en fournissant aux pays du Golfe des liquidités considérables cherchant des canaux d'investissement conformes aux principes islamiques. Comme le note Warde (2010), l'augmentation spectaculaire des prix du pétrole après 1973 a créé un afflux de richesse sans précédent dans les pays musulmans exportateurs de pétrole, fournissant le capital nécessaire au financement des premières grandes institutions financières islamiques.

Le réveil identitaire islamique qui a traversé le monde musulman dans les années 1970-1980 a également constitué un facteur important. Cette période a vu un regain d'intérêt pour l'application des principes islamiques dans tous les domaines de la vie, y compris l'économie et la finance. « Ce renouveau religieux a créé une demande croissante pour des services financiers conformes aux convictions des populations musulmanes, » explique Iqbal et Mirakhor (2011).

Le développement de l'infrastructure intellectuelle a été crucial, avec l'émergence d'une nouvelle génération d'économistes musulmans formés aux méthodes modernes mais cherchant à les réconcilier avec les principes islamiques. Des figures comme Muhammad Nejatullah Siddiqi, Muhammad Umar Chapra et Muhammad Baqir al-Sadr ont développé les fondements théoriques d'un système financier islamique moderne.

Le soutien politique de certains États musulmans a également joué un rôle déterminant. Le Pakistan sous Zia-ul-Haq, le Soudan sous Nimeiry, et l'Iran post-révolutionnaire ont tous entrepris des initiatives d'islamisation de leur système financier, créant des laboratoires pour l'expérimentation de pratiques financières islamiques à l'échelle nationale.

La décolonisation et la recherche d'alternatives économiques ont également contribué à l'intérêt pour la finance islamique. Dans un contexte post-colonial, de nombreux pays musulmans cherchaient des voies de développement économique qui ne soient pas simplement des imitations des modèles occidentaux.

Ces facteurs convergents ont créé un momentum qui a propulsé la finance islamique de quelques expériences isolées dans les années 1960 à un véritable mouvement international à la fin des années 1970, posant les bases de l'expansion considérable que connaîtrait ce secteur dans les décennies suivantes.

2. La finance islamique dans le Golfe

La région du Golfe, avec ses ressources pétrolières considérables et son attachement aux valeurs islamiques, a naturellement constitué le berceau et demeure aujourd'hui l'un des principaux centres de la finance islamique mondiale. Chaque pays de la région a contribué de manière distincte au développement de ce secteur.

2.1. L'Arabie Saoudite : berceau idéologique

L'Arabie Saoudite, gardienne des lieux saints de l'Islam et plus grande économie du monde arabe, occupe une position particulière dans l'écosystème de la finance islamique. Son rôle est paradoxal : bien que relativement tardive dans l'adoption formelle d'un cadre bancaire islamique complet, elle a joué un rôle fondamental comme berceau idéologique du mouvement.

Le Royaume a hébergé la fondation de la Banque Islamique de Développement à Djeddah en 1975, institution qui a joué un rôle catalyseur dans le développement de la finance islamique mondiale. Cette décision reflétait la volonté du Royaume de promouvoir les principes islamiques dans la sphère économique internationale.

Le système bancaire saoudien a longtemps présenté une dualité intéressante : tandis que le cadre juridique général était basé sur des principes conventionnels, la demande populaire pour des services conformes à la Charia a conduit à l'émergence d'un secteur islamique substantiel. La création d'Al Rajhi Bank en 1987 (évolution d'une entreprise de change fondée dans les années 1950) marque un tournant, devenant l'une des plus grandes banques islamiques au monde.

Ces dernières années, l'Arabie Saoudite a renforcé son engagement envers la finance islamique dans le cadre de sa stratégie de diversification économique « Vision 2030 ». L'introduction d'un cadre réglementaire plus développé pour la finance islamique et l'émission de sukuk souverains témoignent de cette orientation.

Aujourd'hui, selon les données récentes, environ 70% des actifs bancaires en Arabie Saoudite sont conformes à la Charia, représentant l'un des taux les plus élevés au monde. Le Royaume abrite également plusieurs des plus grandes institutions financières islamiques mondiales, dont Al Rajhi Bank et Alinma Bank.

2.2. Les Émirats Arabes Unis: un hub financier islamique

Les Émirats Arabes Unis se sont positionnés comme un hub financier islamique majeur, combinant innovation, infrastructure moderne et cadre réglementaire favorable. La stratégie émiratie a consisté à développer la finance islamique comme partie intégrante de sa vision plus large visant à devenir un centre financier international.

Dubaï a joué un rôle particulièrement proactif avec le lancement en 2013 de l'initiative « Dubai: Capital of Islamic Economy » par Sheikh Mohammed bin Rashid Al Maktoum. Cette stratégie visait à transformer l'émirat en centre mondial de référence pour l'économie islamique dans tous ses aspects : finance, halal, tourisme, mode, art et design.

Le Dubai International Financial Centre (DIFC) et l'Abu Dhabi Global Market (ADGM) ont créé des environnements réglementaires favorables aux institutions financières islamiques. Comme le souligne Wilson (2012), « ces centres financiers ont développé des cadres juridiques spécifiques qui permettent aux institutions islamiques d'opérer efficacement tout en maintenant leur conformité aux principes de la Charia. »

Les Émirats abritent plusieurs institutions pionnières, à commencer par la Dubai Islamic Bank, fondée en 1975 et considérée comme la première banque islamique commerciale moderne. D'autres acteurs majeurs incluent Abu Dhabi Islamic Bank, Emirates Islamic Bank, et Noor Bank.

Le pays s'est également distingué par le développement de l'infrastructure du marché avec:

- La création du Nasdaq Dubai Sukuk Listing Platform, devenu l'une des principales plateformes mondiales pour la cotation des sukuk
- L'établissement du Dubai Multi Commodities Centre, facilitant les transactions de murabaha basées sur des matières premières
- Le développement du Dubai Centre for Islamic Banking and Finance pour la formation et la recherche

Les EAU ont également été pionniers dans l'intégration des technologies financières (fintech) à la finance islamique. Des initiatives comme le DIFC FinTech Hive incluent spécifiquement des programmes pour les startups en finance islamique.

Aujourd'hui, les Émirats Arabes Unis représentent le troisième plus grand marché de la finance islamique au monde après l'Arabie Saoudite et la Malaisie, avec des actifs estimés à plus de 700 milliards de dollars.

2.3. Le Bahreïn : centre de régulation et d'innovation

Bahreïn, petit archipel du Golfe, a réussi à se positionner comme un centre névralgique pour la régulation et l'infrastructure de la finance islamique, compensant sa taille limitée par une spécialisation stratégique et une approche proactive.

Dès les années 1990, Bahreïn a fait le choix stratégique de se positionner comme un centre d'excellence pour la finance islamique. Cette vision s'est concrétisée par plusieurs initiatives pionnières:

La création en 1991 de l'Accounting and Auditing Organization for Islamic Financial Institutions (AAOIFI), basée à Manama, a constitué une avancée majeure. Comme l'explique Sarea et Hanefah (2013), « l'AAOIFI a joué un rôle crucial dans le développement de standards comptables, d'audit, de gouvernance et éthiques pour l'industrie financière islamique mondiale. » Ces standards sont aujourd'hui adoptés dans de nombreuses juridictions.

La Banque centrale de Bahreïn (CBB) a développé l'un des cadres réglementaires les plus complets pour la finance islamique, publiant un manuel dédié (CBB Rulebook Volume 2) qui couvre tous les aspects des opérations des institutions financières islamiques.

Bahreïn a également innové en matière d'instruments de gestion de liquidité avec l'introduction en 2001 des premiers sukuk à court terme (Sukuk Al-Salam) par la Banque centrale, offrant ainsi aux institutions financières islamiques un outil essentiel pour la gestion de leur trésorerie.

Le pays abrite également le International Islamic Financial Market (IIFM), créé en 2002, qui développe des contrats standardisés pour les transactions interbancaires islamiques, et le Islamic International Rating Agency (IIRA), qui fournit des évaluations de crédit tenant compte des spécificités de la finance islamique.

Dans le domaine de l'éducation et de la formation, Bahreïn a établi le Bahrain Institute of Banking and Finance (BIBF), qui propose des programmes spécialisés en finance islamique, contribuant ainsi au développement des compétences nécessaires à l'industrie.

Aujourd'hui, Bahreïn compte plus de 20 institutions financières islamiques, y compris des banques commerciales et d'investissement, des compagnies d'assurance takaful, et des sociétés de leasing. Al Baraka Banking Group, l'un des plus grands conglomérats bancaires islamiques au monde, a établi son siège à Bahreïn.

La contribution unique de Bahreïn à la finance islamique réside dans son rôle de laboratoire réglementaire et d'incubateur d'organisations normatives, ayant ainsi une influence sur le développement du secteur bien supérieure à la taille de son marché domestique.

2.4. Koweït et Qatar : des contributions significatives

Le Koweït et le Qatar ont apporté des contributions distinctives au développement de la finance islamique, chacun avec ses spécificités et ses domaines d'excellence.

Le Koweït s'est distingué comme l'un des pionniers de la finance islamique commerciale. La Kuwait Finance House (KFH), fondée en 1977, figure parmi les premières banques islamiques au monde et demeure l'une des plus importantes en termes d'actifs.

Le cadre réglementaire koweïtien a évolué pour accommoder la croissance du secteur, avec l'amendement en 2003 de la loi bancaire pour inclure des dispositions spécifiques aux banques islamiques. (Central Bank of Bahrain, s.d.). La Banque centrale du Koweït a adopté une approche duale, permettant la coexistence de banques conventionnelles et islamiques, tout en maintenant une séparation claire entre leurs activités.

Le Koweït s'est également imposé comme un acteur majeur dans le secteur de l'investissement islamique, avec des institutions comme Investment Dar et Aayan Leasing and Investment Company développant des produits d'investissement innovants conformes à la Charia.

Sur le plan académique, le Kuwait Finance House a contribué significativement à la recherche en finance islamique, publiant régulièrement des études et analyses qui ont enrichi la littérature du domaine.

Le Qatar, de son côté, est entré plus tardivement dans le secteur mais a rapidement rattrapé son retard grâce à une stratégie ambitieuse et au soutien gouvernemental. La Qatar Islamic Bank, fondée en 1982, a été rejointe par d'autres institutions comme Masraf Al Rayan et Qatar International Islamic Bank, formant un écosystème diversifié.

Une innovation majeure du Qatar a été l'introduction en 2002 de sukuk souverains, ouvrant la voie à un marché obligataire islamique actif.

La création du Qatar Financial Centre (QFC) en 2005 a fourni un cadre réglementaire favorable aux institutions financières islamiques, avec des dispositions spécifiques pour leurs besoins uniques.

Une contribution distinctive du Qatar a été le développement de la finance islamique durable et éthique. La Qatar Foundation a été pionnière dans l'émission de sukuk verts, liant finance islamique et considérations environnementales.

Le Qatar est également devenu un centre important pour l'arbitrage de différends liés à la finance islamique, avec la création du Qatar International Court and Dispute Resolution Centre qui développe une expertise dans ce domaine spécialisé.

Les deux pays ont démontré une capacité d'innovation et d'adaptation qui a enrichi l'écosystème de la finance islamique mondiale. Leur influence s'étend bien au-delà de leurs marchés domestiques, à travers l'expansion internationale de leurs institutions financières et leurs contributions aux pratiques et standards du secteur.

3. Le modèle asiatique

L'Asie du Sud-Est, avec la Malaisie en chef de file, a développé une approche distinctive de la finance islamique, caractérisée par le pragmatisme, l'innovation et une forte implication gouvernementale. Ce « modèle asiatique » contraste avec l'approche plus conservatrice généralement observée dans les pays du Golfe.

3.1. La Malaisie : un laboratoire d'innovation

La Malaisie s'est imposée comme un laboratoire d'innovation en finance islamique, développant un modèle unique qui combine rigueur chariatique, innovation financière et soutien gouvernemental proactif. Cette approche a permis au pays de créer l'un des écosystèmes de finance islamique les plus complets et sophistiqués au monde.

L'histoire moderne de la finance islamique en Malaisie a débuté avec la création de la Tabung Haji (Caisse des Pèlerins) en 1963, suivie par l'établissement de la première banque islamique commerciale, Bank Islam Malaysia Berhad, en 1983. Comme le souligne Venardos (2010), « ces institutions pionnières ont bénéficié d'un cadre juridique spécifique avec l'Islamic Banking Act de 1983, démontrant l'engagement précoce du gouvernement malaisien. »

La Malaisie a adopté une approche progressive et structurée du développement de son secteur financier islamique, articulée autour de plans directeurs successifs. Le Financial Sector Masterplan (2001-2010) et le Financial Sector Blueprint (2011-2020) ont inclus des stratégies spécifiques pour la finance islamique, fixant des objectifs ambitieux mais réalisables.

Une innovation majeure de la Malaisie a été la création d'une structure de gouvernance chariatique à deux niveaux :

- Un Conseil consultatif chariatique centralisé au niveau de la Banque centrale (Bank Negara Malaysia)
- Des comités chariatiques au niveau de chaque institution financière

La Malaisie s'est particulièrement distinguée par le développement de son marché des sukuk (obligations islamiques). L'introduction en 2002 du système de négociation électronique FAST (Fully Automated System for Issuing/Tendering) a révolutionné le marché des sukuk. Aujourd'hui, la Malaisie reste le premier émetteur mondial de sukuk, représentant environ 40% du marché global.

Le pays a également créé une infrastructure complète pour soutenir l'écosystème de la finance islamique :

- Le Islamic Financial Services Board (IFSB), organisation internationale basée à Kuala Lumpur, établissant des standards prudentiels
- Le International Shariah Research Academy for Islamic Finance (ISRA), centre de recherche de référence
- Le Malaysia International Islamic Financial Centre (MIFC), initiative pour promouvoir la Malaisie comme hub international
- L'International Centre for Education in Islamic Finance (INCEIF), université spécialisée formant les futurs experts

L'approche malaisienne se caractérise également par son inclusivité. Contrairement à certains marchés du Moyen-Orient, la Malaisie a encouragé la participation d'acteurs non-musulmans au système financier islamique. Comme l'exposent Iqbal et Mirakhor (2011), l'ouverture et l'intégration de la finance islamique ont permis d'élargir considérablement la base de clients et d'investisseurs, constituant une masse critique nécessaire au développement du marché financier islamique

Aujourd'hui, la finance islamique représente plus de 30% du secteur financier malaisien, avec une croissance continue qui dépasse celle du secteur conventionnel. Ce succès fait de la Malaisie un modèle étudié et souvent émulé par d'autres juridictions cherchant à développer leur propre secteur de finance islamique.

3.2. L'Indonésie : le géant en éveil

L'Indonésie, plus grand pays musulman du monde avec plus de 230 millions de musulmans, représente un marché à l'énorme potentiel pour la finance islamique. Longtemps considérée comme un acteur secondaire par rapport à son voisin malaisien, l'Indonésie a accéléré le développement de son secteur financier islamique ces dernières années, avec une approche distinctive adaptée à ses réalités socio-économiques.

Le développement de la finance islamique en Indonésie a débuté relativement tard, avec la création de la première banque islamique, Bank Muamalat Indonesia, en 1991. Comme l'explique Venardos (2010), l'Indonésie a adopté une approche initiale axée sur la demande populaire, où l'intérêt croissant de la population pour les opérations bancaires conformes à la Chari'a a été le principal moteur du développement, plutôt que l'initiative gouvernementale.

Le cadre réglementaire spécifique n'a été établi qu'en 2008 avec la promulgation de la loi sur les banques islamiques (Islamic Banking Act), suivie en 2011 par la création de l'Otoritas Jasa Keuangan (OJK), le régulateur des services financiers qui supervise le secteur islamique.

Un tournant majeur a été l'adoption en 2019 du Masterplan pour l'Économie et la Finance Islamiques (2019-2024), qui a établi une feuille de route ambitieuse pour le développement du secteur. Cette stratégie nationale s'articule autour de trois piliers:

1. Le renforcement de l'industrie de la finance islamique
2. L'élargissement de l'accès aux services financiers islamiques
3. L'intégration de la finance islamique dans l'économie réelle

Une caractéristique distinctive de l'approche indonésienne est l'accent mis sur les institutions microfinancières islamiques, comme les Baitul Maal wat Tamwil (BMT), qui servent les communautés rurales et les petites entreprises.

L'Indonésie a également développé une approche unique des sukuk, en lançant en 2008 les premiers sukuk de détail au monde, spécifiquement conçus pour les investisseurs individuels. Cette innovation a permis de mobiliser l'épargne populaire pour le financement d'infrastructures et a contribué à familiariser le grand public avec les instruments financiers islamiques.

Le pays a également été pionnier dans l'intégration de la finance islamique et de l'économie verte, avec l'émission en 2018 du premier sukuk vert souverain au monde, destiné à financer des projets environnementaux. (Assegaf Hamzah & Partners, 2018).

Malgré ces avancées, le secteur financier islamique indonésien reste relativement modeste, représentant environ 6% du secteur financier total, bien en-deçà de son potentiel , avec des ambitions de croissance à environ 20% d'ici 2025 (Finance Islamique France, 2025). Cette situation s'explique par plusieurs défis:

- La concurrence d'un secteur conventionnel bien établi
- Un déficit de sensibilisation du public
- Un manque de ressources humaines qualifiées
- Une infrastructure de marché encore en développement

Néanmoins, avec le soutien croissant du gouvernement et l'émergence d'une classe moyenne musulmane de plus en plus consciente des options financières conformes à ses valeurs, l'Indonésie est considérée comme « le géant en éveil » de la finance islamique, avec un potentiel de croissance considérable dans les années à venir.

3.3. Singapour : la plateforme internationale

Le Singapour, cité-État majoritairement non-musulmane, s'est néanmoins positionnée comme une plateforme internationale significative pour la finance islamique, illustrant comment les principes de cette finance peuvent être adoptés dans un contexte multiculturel et orienté vers les marchés internationaux.

La stratégie de Singapour en matière de finance islamique s'inscrit dans sa vision plus large de maintenir sa position de centre financier international de premier plan. Singapour a abordé la finance islamique non pas comme une obligation religieuse, mais comme une opportunité commerciale et un complément naturel à son écosystème financier diversifié.

Les premières initiatives significatives remontent à 2005, lorsque l'Autorité Monétaire de Singapour (MAS) a commencé à adapter son cadre réglementaire pour accommoder les transactions financières islamiques. Plutôt que de créer un cadre juridique distinct, Singapour a opté pour une approche d'équivalence fonctionnelle, adaptant les réglementations existantes pour permettre aux produits islamiques de fonctionner sur un pied d'égalité avec leurs équivalents conventionnels.

Des ajustements fiscaux ont été introduits pour éviter la double imposition qui pourrait résulter de la structure particulière des transactions islamiques. Par exemple, les opérations de murabaha ou d'ijara impliquent souvent plusieurs transferts de propriété qui, sans adaptations fiscales, seraient pénalisées par rapport aux transactions conventionnelles.

Singapour s'est particulièrement concentrée sur le développement du marché des sukuk. En 2009, la MAS a lancé un programme de sukuk à court terme (Islamic Monetary Notes) pour créer un instrument de référence et faciliter la gestion de liquidité des institutions financières islamiques. Des initiatives comme le Asian Bond Grant Scheme ont également été étendues aux émissions de sukuk pour encourager leur cotation à Singapour.

Une caractéristique distinctive de l'approche singapourienne est son orientation internationale. Plutôt que de se concentrer sur le marché domestique limité, Singapour s'est positionnée comme une plateforme pour les investisseurs et émetteurs internationaux, en particulier ceux d'Asie du Sud-Est et du Moyen-Orient. Selon une interprétation des travaux de Wilson (2012), Singapour a exploité ses avantages comparatifs en matière d'infrastructure financière, de cadre juridique solide et de neutralité politique pour attirer les capitaux islamiques internationaux.

Le pays a également misé sur le développement des compétences en finance islamique, avec des programmes spécialisés dans ses universités et institutions de formation professionnelle comme le Singapore Management University et l'Institut Bancaire de Singapour.

Les banques conventionnelles à Singapour, comme DBS, OCBC et UOB, ont développé des « fenêtres islamiques » offrant des produits conformes à la Charia, tandis que des institutions spécialisées comme le Islamic Bank of Asia (aujourd'hui fermée) ont également été créées.

Bien que sa part de marché reste modeste par rapport à des centres comme Kuala Lumpur ou Dubaï, Singapour a réussi à créer une niche viable dans certains segments, notamment :

- Les services de gestion de patrimoine islamique pour les clients fortunés d'Asie et du Moyen-Orient
- Les sukuk d'entreprises, en particulier pour les émetteurs indonésiens
- Le financement de commerce islamique, s'appuyant sur son rôle de hub commercial

L'approche pragmatique et commerciale de Singapour envers la finance islamique démontre comment des juridictions non-musulmanes peuvent intégrer avec succès ces principes financiers dans leur écosystème existant, élargissant ainsi leur offre de services et attirant de nouveaux flux de capitaux.

4. L'émergence en Afrique du Nord

L'Afrique du Nord, avec son héritage islamique profond et sa proximité géographique et culturelle avec le Moyen-Orient et l'Europe, représente un territoire naturel pour le développement de la finance islamique. Ces dernières années, plusieurs pays de la région ont entrepris des initiatives significatives pour intégrer ce modèle financier à leurs économies, avec des approches et des résultats variés.

4.1. Maroc : la banque participative

Le Maroc a adopté une approche distincte de la finance islamique, privilégiant le terme « banque participative » plutôt que « banque islamique » dans sa législation. Cette terminologie reflète la volonté du royaume de positionner ce secteur comme une alternative inclusive basée sur des principes participatifs, plutôt que de mettre l'accent uniquement sur la dimension religieuse.

Le cadre juridique pour les banques participatives a été établi relativement tard par rapport à d'autres pays musulmans, avec l'adoption en 2014 de la loi bancaire n°103-12 qui a introduit un chapitre dédié aux banques participatives.

Une caractéristique distinctive de l'approche marocaine est la création du Conseil Supérieur des Oulémas (CSO) comme autorité unique pour la validation chariatique. Ce conseil religieux de haut niveau, présidé par le Roi en tant que Commandeur des croyants, est seul habilité à émettre des fatwas sur la conformité des produits financiers.

Le déploiement effectif des banques participatives a débuté en 2017, avec l'octroi de licences à cinq banques participatives filiales de groupes bancaires conventionnels (Umnia Bank, Bank Assafa, Al Akhdar Bank, Bank Al Yousr, BTI Bank) et trois fenêtres participatives au sein de banques conventionnelles. Cette entrée relativement tardive sur le marché a permis au Maroc de bénéficier des expériences d'autres pays et d'éviter certains écueils.

Les banques participatives marocaines ont initialement concentré leurs activités sur le financement immobilier via des contrats de Mourabaha, avant d'élargir progressivement leur gamme de produits. Le développement de l'Ijara (leasing islamique) et du Takaful (assurance islamique) a suivi, complétant l'écosystème nécessaire.

Pour soutenir le développement du marché, Bank Al-Maghrib (la banque centrale) a introduit des instruments de gestion de liquidité conformes aux principes participatifs, et le Trésor a émis des Sukuk souverains pour créer des références de marché et offrir des placements éligibles aux banques participatives.

Bien que le secteur soit encore à ses débuts, représentant moins de 2% du marché bancaire total, sa croissance est soutenue. La familiarité croissante du public avec ces produits et l'expansion du réseau d'agences (plus de 150 à ce jour) contribuent à cette dynamique positive.

Le Maroc a également l'ambition de se positionner comme un hub régional pour la finance participative, servant de pont entre l'Europe et l'Afrique subsaharienne. La place financière de Casablanca Finance City a intégré la finance participative dans sa stratégie de développement, offrant un cadre attractif pour les institutions financières internationales.

L'approche marocaine, caractérisée par sa rigueur réglementaire, sa gouvernance chariatique centralisée et son intégration progressive au système existant, constitue un modèle intéressant qui est observé avec attention par d'autres pays de la région.

4.2. L'Égypte : un modèle de finance islamique entre deux continents

L'Égypte occupe une place singulière dans l'histoire de la finance islamique moderne. Bien que géographiquement située à la jonction entre l'Afrique du Nord et le Moyen-Orient, son influence culturelle et financière rayonne largement sur le continent africain, justifiant son analyse aux côtés des autres nations nord-africaines malgré son ancrage partiel dans la sphère moyen-orientale.

Berceau de la première expérience bancaire islamique contemporaine avec la caisse d'épargne de Mit Ghamr en 1963, l'Égypte a connu un développement contrasté de sa finance islamique, alternant périodes d'innovation, de stagnation et de renouveau.

Après l'expérience pionnière mais brève de Mit Ghamr (1963-1967), le pays a vu naître la Banque Sociale Nasser en 1971, puis la Faisal Islamic Bank of Egypt en 1977, première institution bancaire islamique complète du pays. Ces initiatives précoces ont émergé dans un contexte d'ouverture économique sous la présidence de Sadate, visant notamment à attirer les investissements des pays du Golfe.

Contrairement à d'autres juridictions, l'Égypte a fait le choix d'intégrer les banques islamiques dans son cadre réglementaire général, avec quelques dispositions spécifiques, plutôt que de créer une législation dédiée. Cette approche témoigne d'une volonté d'éviter un système bancaire dual qui pourrait être perçu comme divisif dans une société où les questions religieuses demeurent sensibles.

Un tournant majeur est intervenu en 2003 lorsque les banques conventionnelles ont été autorisées à ouvrir des « guichets islamiques », élargissant considérablement l'accès aux services financiers conformes à la Charia. Des acteurs majeurs comme Banque Misr et National Bank of Egypt ont rapidement développé d'importantes fenêtres islamiques.

Ces dernières années, l'Égypte a manifesté un regain d'intérêt pour la finance islamique, s'inscrivant dans sa stratégie plus large de modernisation du secteur financier. La Banque centrale a publié en 2019 une réglementation plus détaillée pour les activités bancaires islamiques, tandis que l'émission des premiers sukuk souverains égyptiens en 2020 a marqué une étape décisive vers un marché des capitaux islamiques plus développé.

L'Égypte bénéficie d'atouts considérables pour le développement de ce secteur : une population nombreuse majoritairement musulmane, un secteur bancaire en croissance, la présence d'Al-Azhar comme référence théologique, et des liens économiques étroits avec les pays du Golfe. Cependant, des défis persistent : un taux de bancarisation encore faible, une forte concurrence du secteur conventionnel, l'absence d'autorité chariatique centralisée et des besoins importants en formation.

Aujourd'hui, avec environ 5% de parts de marché dans le secteur bancaire, la finance islamique égyptienne dispose d'un potentiel de croissance considérable, notamment auprès des populations non bancarisées. Le modèle égyptien illustre une approche équilibrée où la finance islamique évolue progressivement au sein d'un système conventionnel dominant, cherchant à concilier héritage religieux et modernité financière, tout en rayonnant comme référence pour de nombreux pays africains en développement.

4.3. Tunisie et Algérie : développements récents

La Tunisie et l'Algérie, deux pays du Maghreb aux économies significatives, ont adopté des approches différentes mais tout aussi instructives dans leur intégration de la finance islamique à leurs systèmes financiers respectifs.

La Tunisie a connu un développement en deux temps de sa finance islamique. La première banque islamique du pays, Al Baraka Tunis, a été établie dès 1983 sous forme de banque offshore, suivie par Noor Islamic Bank en 2010.

Le cadre réglementaire tunisien a été significativement renforcé avec la loi bancaire de 2016, qui a introduit une section dédiée aux « banques et établissements financiers islamiques », reconnaissant leurs spécificités et fixant les règles de leur fonctionnement. Cette législation a permis la création de Zitouna Bank, première banque islamique entièrement tunisienne.

Une innovation notable de l'approche tunisienne a été la création du Comité de la Finance Islamique au sein du Conseil du Marché Financier, établissant un cadre de gouvernance chariatique à l'échelle nationale qui supervise à la fois les activités bancaires et les émissions de sukuk.

Le pays a également mis l'accent sur la microfinance islamique, avec le développement de plusieurs institutions spécialisées comme Zitouna

Tamkeen, visant à promouvoir l'inclusion financière et le soutien aux petites entreprises.

La Banque Centrale de Tunisie a progressivement développé des instruments de gestion de liquidité conformes à la Charia, tandis que l'État a émis ses premiers sukuk souverains en 2016, créant ainsi une référence pour le marché.

L'Algérie, de son côté, a adopté une approche plus prudente et progressive. Les premières activités de finance islamique dans le pays remontent à 1991 avec l'établissement d'Al Baraka Bank Algeria, une coentreprise entre le groupe saoudien Al Baraka et des banques publiques algériennes.

Pendant longtemps, le développement du secteur est resté limité, avec seulement deux banques offrant des services islamiques complets. Ce n'est qu'en 2018 que la Banque d'Algérie a publié un règlement définissant les opérations bancaires relevant de la finance participative, ouvrant la voie à une expansion plus significative du secteur.

Une caractéristique distinctive de l'approche algérienne est l'implication active des banques publiques, qui dominent le secteur bancaire national. En 2020, plusieurs grandes banques publiques comme la Banque Nationale d'Algérie et la Banque de l'Agriculture et du Développement Rural ont lancé des "fenêtres islamiques", rendant ces services accessibles à travers leur vaste réseau d'agences.

Sur le plan de la gouvernance chariatique, l'Algérie a opté pour une approche décentralisée, chaque institution disposant de son propre comité de conformité, sous la supervision de l'Autorité Charaïque Nationale de la Fatwa pour l'Industrie de la Finance Islamique, créée en 2018.

Un développement significatif a été l'introduction en 2022 de l'assurance Takaful, complétant ainsi l'écosystème de la finance islamique algérienne et répondant à une demande importante du marché.

Dans les deux pays, le secteur reste encore modeste en taille (moins de 5% du marché bancaire total), mais la demande croissante des populations et l'engagement récent des autorités laissent présager un développement significatif dans les années à venir.

5. La finance islamique en Occident

Le développement de la finance islamique dans les pays occidentaux représente un phénomène particulièrement intéressant, témoignant de la capacité de ce système financier à s'adapter à des environnements juridiques, réglementaires et culturels très différents de ceux des pays musulmans. Cette expansion illustre également l'intérêt croissant pour des modèles financiers alternatifs dans le sillage des crises financières qui ont ébranlé la confiance dans le système conventionnel.

5.1. Royaume-Uni : leader européen

Le Royaume-Uni s'est imposé comme le leader incontesté de la finance islamique en Occident, développant un écosystème complet qui en fait le premier centre de finance islamique hors du monde musulman. Cette position privilégiée résulte d'une stratégie délibérée et cohérente, soutenue par les gouvernements successifs depuis le début des années 2000.

L'engagement britannique en faveur de la finance islamique a été formalisé en 2003 lorsque le gouvernement, sous l'impulsion du chancelier de l'Échiquier Gordon Brown, a créé un groupe de travail dédié. Comme l'explique Wilson (2012), « cette initiative reflétait la volonté de consolider la position de Londres comme centre financier international en intégrant ce segment en croissance rapide. »

Une caractéristique distinctive de l'approche britannique a été l'adaptation proactive du cadre réglementaire et fiscal pour créer un « terrain de jeu équitable » pour les produits islamiques. Entre 2003 et 2007, une série de Finance Acts a introduit des modifications fiscales cruciales, notamment :

- L'élimination de la double imposition sur les transactions murabaha (vente avec marge)
- Des clarifications fiscales pour les sukuk, les traitant de manière similaire aux obligations conventionnelles
- Des ajustements pour les produits hypothécaires islamiques, alignant leur traitement fiscal sur celui des prêts conventionnels

En 2004, la Financial Services Authority (FSA) a accordé la première licence bancaire à une institution entièrement islamique en Europe, l'Islamic Bank of Britain (aujourd'hui Al Rayan Bank). Cette étape a été suivie par l'établissement de plusieurs autres institutions spécialisées et par le développement de « fenêtres islamiques » au sein de grandes banques conventionnelles comme HSBC, Barclays et Standard Chartered.

Le marché des sukuk représente un autre domaine où le Royaume-Uni a joué un rôle pionnier. En 2014, le pays est devenu le premier État occidental à émettre un sukuk souverain, une émission de 200 millions de livres sterling qui a été sursouscrite dix fois, démontrant l'appétit des investisseurs pour ces instruments, note L'Express, 2014.

Dans le domaine éducatif, le Royaume-Uni a développé une expertise académique significative, avec des programmes spécialisés dans de nombreuses universités comme Durham, Aston et la London School of Economics. Ces institutions ont contribué à la recherche et à la formation des professionnels du secteur.

Le secteur de la gestion d'actifs islamique a également connu un développement notable, avec des acteurs comme DDCAP et Gatehouse Bank proposant des fonds d'investissement conformes à la Charia dans divers secteurs, notamment l'immobilier.

Malgré le Brexit, qui a créé certaines incertitudes, le Royaume-Uni maintient sa position prééminente, avec des actifs financiers islamiques estimés à plus de 5 milliards de livres sterling. Cette résilience témoigne de la solidité des fondations établies et de l'engagement continu du secteur financier britannique envers ce segment.

Les facteurs clés du succès britannique incluent :

- L'approche pragmatique des régulateurs
- La tradition d'innovation financière de la City de Londres
- Les liens historiques avec les pays musulmans, notamment ceux du Commonwealth
- L'importance de la communauté musulmane britannique
- L'ouverture générale du marché britannique aux approches financières alternatives

Le modèle britannique démontre qu'avec un cadre approprié et une volonté politique, la finance islamique peut prospérer même dans un environnement à dominante non-musulmane.

5.2.   Luxembourg et France : des centres émergents

Le Luxembourg et la France, bien que partant de positions différentes, ont développé des approches distinctives pour intégrer la finance islamique dans leurs écosystèmes financiers, se positionnant comme des centres émergents importants en Europe continentale.

Le Luxembourg, petit pays doté d'une place financière internationale majeure, a adopté une approche ciblée, se concentrant sur ses domaines d'excellence : les fonds d'investissement et la cotation de sukuk.

Dès 1978, le pays a accueilli l'Islamic Banking System International Holdings, l'une des premières tentatives d'établissement bancaire islamique en Occident. Bien que cette initiative précoce n'ait pas perduré, elle témoignait déjà de l'ouverture luxembourgeoise aux innovations financières.

Le véritable développement stratégique a commencé dans les années 2000, avec plusieurs initiatives clés :

- En 2002, la Bourse de Luxembourg a coté son premier sukuk
- En 2008, l'autorité des marchés financiers a clarifié les exigences pour les fonds d'investissement islamiques
- En 2010, Luxembourg for Finance a établi un groupe de travail dédié à la finance islamique

En 2014, le Luxembourg est devenu le premier pays européen de la zone euro à émettre un sukuk souverain (200 millions d'euros), créant une référence importante pour le marché. La même année, la Central Bank of Luxembourg a rejoint l'Islamic Financial Services Board (IFSB), démontrant son engagement envers le développement du secteur.

Une initiative particulièrement innovante a été le développement du Luxembourg Islamic Finance Framework, un ensemble complet de directives pour les opérations financières islamiques dans le pays, couvrant les aspects réglementaires, fiscaux et légaux.

La France, qui abrite la plus grande communauté musulmane d'Europe, a suivi un parcours différent, marqué par une évolution progressive et parfois hésitante.

Les premières initiatives significatives remontent à 2007, lorsque Paris Europlace a créé un comité dédié à la finance islamique. En 2008 et 2009, des instructions fiscales ont été publiées pour clarifier le traitement des produits islamiques les plus courants, notamment la murabaha, l'ijara et les sukuk.

Ces efforts ont été renforcés par des initiatives académiques, avec la création de formations spécialisées à l'Université Paris-Dauphine, à l'ESSEC et dans d'autres institutions prestigieuses, contribuant au développement de l'expertise française dans ce domaine.

Le secteur de la gestion d'actifs a été particulièrement actif, avec le lancement de plusieurs fonds conformes à la Charia par des acteurs comme BNP Paribas, Société Générale et Amundi. Ces fonds, souvent orientés vers l'immobilier ou les actions, ciblent tant les investisseurs institutionnels du Moyen-Orient que la clientèle de détail musulmane en France.

Plus récemment, le secteur de la finance participative a vu l'émergence d'acteurs spécialisés comme NOORASSUR (assurance), 570easi (financement participatif) et SAAFI (courtage immobilier islamique), répondant aux besoins spécifiques de la communauté musulmane française.

Malgré ces avancées, la France n'a pas encore vu l'établissement d'une banque islamique à part entière, bien que plusieurs projets aient été explorés.

Ces deux pays illustrent des approches complémentaires : le Luxembourg se concentrant sur l'attraction de capitaux internationaux à travers des véhicules d'investissement sophistiqués, tandis que la France développe progressivement une offre répondant aux besoins de sa population musulmane tout en cherchant à attirer les investisseurs du Golfe.

5.3. États-Unis : adaptations réglementaires

Les États-Unis, malgré leur statut de première puissance financière mondiale et la présence d'une communauté musulmane significative, présentent un paysage de finance islamique particulier, caractérisé par des développements ciblés plutôt qu'une adoption systémique.

L'approche américaine de la finance islamique a été façonnée par plusieurs facteurs spécifiques, notamment un cadre réglementaire complexe avec de multiples autorités fédérales et étatiques, une forte tradition de séparation entre religion et État, et un environnement post-11 septembre parfois méfiant envers les institutions financières liées à l'Islam.

Les premières expériences significatives remontent aux années 1990, avec l'établissement de sociétés comme American Finance House LARIBA (1987) et MSI Financial Services (1991), offrant des produits immobiliers et d'investissement conformes à la Charia. Ces pionniers ont dû naviguer dans un environnement réglementaire qui ne prévoyait pas initialement d'exceptions pour les structures financières islamiques.

Une avancée importante est intervenue en 1997, lorsque l'Office of the Comptroller of the Currency (OCC) a publié la première de plusieurs « lettres d'interprétation » autorisant les banques américaines à offrir des produits de financement immobilier basés sur le modèle murabaha (vente avec marge) et ijara (leasing).

Le secteur du financement immobilier a été le segment le plus développé, avec des acteurs comme Guidance Residential et University Islamic Financial Corporation offrant des solutions de financement immobilier conformes à la Charia, structurées généralement comme des arrangements de copropriété décroissante (musharaka mutanaqisa). Ces produits ont reçu l'approbation des agences fédérales de financement du logement Freddie Mac et Fannie Mae, facilitant leur intégration dans le marché hypothécaire américain.

Le secteur des investissements a également connu un développement notable, avec le lancement de plusieurs fonds d'investissement conformes à la Charia, comme le Amana Income Fund (1986) et le Dow Jones Islamic Market Index (1999), qui ont ouvert la voie à une gamme plus large de produits d'investissement filtrés selon les critères islamiques.

Les adaptations réglementaires aux États-Unis ont généralement suivi une approche de « substance over form » (la substance prime sur la forme), où les régulateurs se concentrent sur les résultats économiques des transactions plutôt que sur leur structure. Cette approche pragmatique a permis l'accommodation de certains produits islamiques sans nécessiter de changements législatifs majeurs.

Cependant, certains défis persistants ont limité l'expansion du secteur :

- La complexité du système réglementaire avec des juridictions fédérales et étatiques multiples
- L'absence d'adaptations fiscales spécifiques, contrairement au Royaume-Uni
- Les préoccupations liées aux lois anti-blanchiment et contre le financement du terrorisme après le 11 septembre
- La difficulté pour les institutions financières islamiques d'accéder aux facilités de la Réserve fédérale

Malgré ces défis, des développements récents suggèrent un intérêt renouvelé, notamment :

- L'émergence de plateformes de fintech islamique comme Wahed Invest, qui a obtenu des licences dans plusieurs États
- L'intérêt croissant pour les investissements conformes aux critères ESG (Environnement, Social, Gouvernance), qui présentent des parallèles avec les filtres d'investissement islamiques
- Le développement de solutions de finance participative et de crowdfunding islamique

Aujourd'hui, bien que la finance islamique aux États-Unis reste un marché de niche, elle représente un exemple intéressant d'adaptation et d'innovation dans un cadre réglementaire qui n'a pas été spécifiquement modifié pour l'accommoder.

6. Le potentiel africain

L'Afrique subsaharienne, avec ses besoins considérables en matière de développement et d'inclusion financière, représente une nouvelle frontière prometteuse pour la finance islamique. Ce potentiel commence à se concrétiser à travers diverses initiatives dans plusieurs pays du continent.

Plusieurs pays africains ont émergé comme des pionniers dans l'adoption et l'adaptation de la finance islamique à leurs contextes locaux, chacun développant des approches spécifiques qui reflètent leurs réalités économiques, sociales et religieuses.

La Guinée et le Sénégal

Comme le souligne (Ilboudo, 2019), **la Guinée** présente un cas particulier dans le paysage de la finance islamique en Afrique de l'Ouest, caractérisé par une introduction précoce mais un développement progressif. L'implantation de la finance islamique dans le pays remonte aux années 1980, faisant de la Guinée l'un des pionniers en Afrique subsaharienne dans ce domaine.

La Banque Islamique de Guinée (BIG), créée en 1983, constitue selon nos recherches (2025), un jalon historique en tant que première institution bancaire privée du pays. Cette initiative témoigne d'une volonté précoce d'introduire des services financiers conformes aux préceptes islamiques dans un contexte dominé par le système bancaire conventionnel.

Le secteur bancaire islamique guinéen se caractérise par une structure duale associant cette banque islamique à part entière et des fenêtres islamiques qui ont progressivement émergé au sein d'établissements conventionnels. Bien que limitée en volume d'activités, cette configuration offre une diversification appréciable des services financiers islamiques.

Dans le domaine de la microfinance, l'Agence Autonome d'Assistance Intégrée aux Entreprises (3AE), créée en 1997 dans le cadre d'une initiative conjointe du PNUD, de l'ONUDI et du gouvernement guinéen, se distingue comme pionnière de la microfinance islamique.

Le continent africain connaît une expansion remarquable du Takaful, comme en témoigne le lancement de nombreux produits d'assurance islamique par diverses compagnies (Atlas Magazine, 2024). La Guinée s'inscrit dans cette dynamique, avec l'introduction pionnière de SAAR TAKAFUL, une initiative de SAAR Assurances lancée en juillet 2020, qui propose des produits d'assurance conformes à la Charia.

Un aspect notable du développement de la finance islamique en Guinée concerne l'institutionnalisation de la gestion de la Zakat à travers le FONAZAKAW, un établissement public créé en 2016. Cette structure coordonne la collecte et la distribution de la Zakat à l'échelle nationale, avec des représentations dans les huit régions administratives du pays.

Parallèlement, trois organisations principales sont engagées dans le système du Waqf : le FONAZAKAW, qui supervise également ces activités ; le WAQF BID-GUINÉE, issu d'un partenariat avec la Banque Islamique de

Développement ; et SONOCO WAQF, une fondation active dans le domaine philanthropique.

Malgré ces avancées, le développement de la finance islamique en Guinée fait face à plusieurs défis, notamment la nécessité d'un cadre réglementaire plus adapté, le renforcement des capacités techniques des acteurs du secteur, et l'extension des services vers les zones rurales où les besoins d'inclusion financière sont particulièrement prononcés.

Le Sénégal, un autre pays de l'Afrique de l'Ouest où les musulmans représentent plus de 90% de la population, a joué un rôle précurseur dans l'introduction de la finance islamique en Afrique francophone.

La Banque Islamique du Sénégal, établie en 1983, a été la première institution financière islamique du pays. Plus récemment, des banques conventionnelles comme la BNDE (Banque Nationale pour le Développement Économique) ont lancé des fenêtres islamiques, élargissant l'accès à ces services.

Une avancée majeure a été l'émission par le Sénégal de sukuk souverains en 2014 puis en 2016, démontrant l'engagement du gouvernement envers ce secteur. Ces émissions ont été sursouscrites, témoignant de l'appétit des investisseurs pour des instruments de dette souveraine conformes à la Charia dans la région.

Le pays a également développé un cadre réglementaire adapté à la finance islamique, avec le soutien de la Banque Centrale des États de l'Afrique de l'Ouest (BCEAO) qui a publié en 2018 des instructions spécifiques pour les opérations de finance islamique dans l'espace UEMOA (Union Économique et Monétaire Ouest-Africaine).

Le Nigeria, plus grande économie d'Afrique avec une population de plus de 200 millions d'habitants dont environ la moitié est musulmane, a adopté une approche plus systémique de la finance islamique.

La Banque Centrale du Nigeria a publié dès 2011 des directives pour les institutions financières non-porteurs d'intérêts, créant un environnement favorable au développement du secteur. Jaiz Bank, première banque islamique à service complet du pays, a obtenu sa licence nationale en 2016 et a depuis étendu son réseau à travers le pays (Dauda, 2013).

Selon la Debt Management Office (DMO) du Nigeria, le gouvernement fédéral a émis son premier sukuk en septembre 2017 pour 100 milliards de nairas, destiné au financement d'infrastructures routières. Suite au succès de cette émission sursouscrite, deux autres ont suivi en 2018 et 2020, confirmant l'intérêt des investisseurs pour cet instrument financier islamique.

Un développement notable a été l'introduction de l'assurance takaful, avec plusieurs opérateurs agréés proposant des alternatives conformes à la Charia aux produits d'assurance conventionnels.

Le Kenya, hub économique et financier de l'Afrique de l'Est avec une population musulmane minoritaire mais significative (environ 10%), a adopté une approche inclusive de la finance islamique.

Les premières offres de services financiers islamiques au Kenya remontent à 2005 avec le lancement de produits conformes à la Charia par la Gulf African Bank et la First Community Bank. Depuis, plusieurs banques conventionnelles comme Kenya Commercial Bank et Barclays Kenya (aujourd'hui Absa) ont ouvert des fenêtres islamiques.

Une innovation significative a été l'adaptation des solutions de mobile banking, pour lesquelles le Kenya est renommé avec M-Pesa, à la finance islamique. Des produits comme M-Sharia permettent des transactions conformes à la Charia sur les plateformes mobiles existantes, élargissant considérablement leur portée.

Le Kenya a également montré son ambition dans le domaine des sukuk, bien qu'aucune émission souveraine n'ait encore été réalisée. Des modifications législatives ont été adoptées pour faciliter ces émissions, et des discussions sont en cours pour une première émission.

Ces quatre pays illustrent différentes voies d'adoption de la finance islamique en Afrique subsaharienne : la Guinée et le Sénégal s'appuyant sur la tradition musulmane et ses liens avec le monde arabe, le Nigeria intégrant la finance islamique dans son vaste marché financier et le Kenya adoptant une approche plus technologique et inclusive. Leurs expériences fournissent des modèles précieux pour d'autres pays africains intéressés par le développement de ce secteur.

Conclusion

La finance islamique a parcouru un chemin remarquable en quelques décennies, évoluant d'initiatives pionnières isolées vers un segment significatif du système financier mondial. Son développement présente des réalisations considérables, des défis persistants et des tendances émergentes qui façonneront son avenir.

La maturité de la finance islamique se manifeste à plusieurs niveaux. L'industrie dispose désormais d'une architecture institutionnelle complète, d'une infrastructure normative reconnue internationalement, et de produits financiers de plus en plus sophistiqués. Son expansion géographique sur tous les continents et sa reconnaissance académique croissante témoignent de sa viabilité et de sa pertinence dans le paysage financier mondial.

Malgré ces avancées, plusieurs défis limitent encore son potentiel. L'harmonisation des interprétations de la Charia, l'intégration dans le système financier mondial et la compétitivité face aux institutions conventionnelles restent problématiques. Le déficit de sensibilisation du public et l'écart entre théorie et pratique soulèvent également des questions sur l'authenticité et l'accessibilité de certaines offres.

L'avenir de la finance islamique sera façonné par plusieurs tendances clés. La transformation digitale, avec l'émergence de la fintech islamique, pourrait révolutionner l'accès aux services financiers. La convergence avec la finance durable et responsable ouvre de nouvelles perspectives au-delà des considérations religieuses. L'innovation continue dans les sukuk, le développement prometteur en Afrique, et l'intégration croissante dans les politiques publiques de développement économique constituent d'autres tendances significatives.

La finance islamique s'affirme ainsi comme une composante durable et innovante du système financier mondial, capable de contribuer à l'inclusion financière tout en proposant des approches alternatives pour répondre aux défis économiques, sociaux et environnementaux contemporains.

Références bibliographiques

Atlas Magazine. (2024, août 15). *Assurance takaful, une dynamique favorable.* https://www.atlas-mag.net/category/tags/focus/assurance-takaful-unedynamique-favorable

BALDE, M. T. (2025). La réglementation de la finance islamique en Guinée: Défis à relever. *Recherches et Applications en Finance Islamique (RAFI), 9*(1), 51-67.

Chapra, M.U. (2000). *The Future of Economics: An Islamic Perspective.*

Chong B. S. et Liu M. H., 2009, *Islamic Banking: Interest Free or Interest Based*, Pacific Basin Finance Journal, n°17, pp. 125-144.

Dauda, M. (2013). Legal framework for Islamic banking and finance in Nigeria. *Electronic Journal of Islamic and Middle Eastern Law (EJIMEL), 1*(7), 160-170.

El-Gamal, M. A. (2006). *Islamic finance: Law, economics, and practice.* Cambridge University Press.

Hassan, M. K., & Lewis, R. (2007). *Handbook of Islamic banking.* Edward Elgar Publishing.

Ilboudo H-M. (2019), *Pratique des produits participatifs par les Institutions Financières Islamiques (IFI) en Afrique : réalités et perspectives*, Recherches et Applications en Finance Islamique, Volume 3, Numéro 1, pages : 72-87

Iqbal, Z., & Mirakhor, A. (2011). *An introduction to Islamic finance: Theory and practice* (Vol. 687). John Wiley & Sons.

Muhammad Taqi Usmani, *An Introduction to Islamic Finance*, BRILL, 2002

Venardos, A. M. (2012). *Islamic banking & finance in South-East Asia: Its development & future* (Vol. 6). World Scientific.

Warde, I. (2000). *Islamic finance in the global economy.*